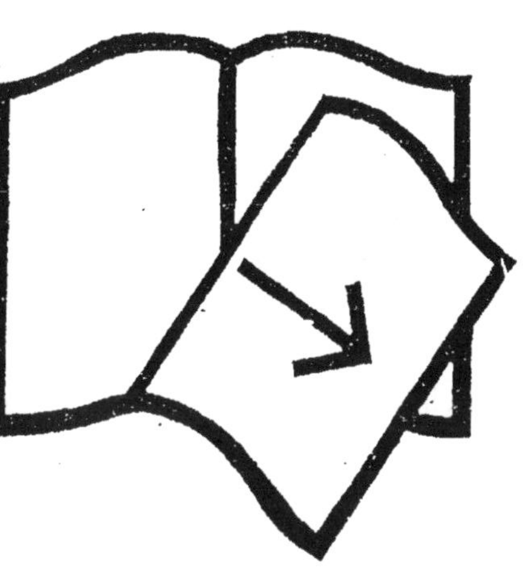

Couverture inférieure manquante

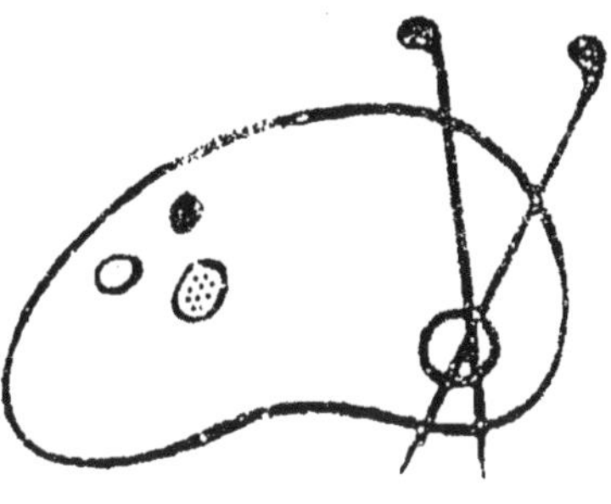

Début d'une série de documents
en couleur

M.-A. GROMIER

LETTRES
D'UN
BON ROUGE
A LA COMMUNE DE PARIS

PRÉFACE D'A. MONNANTEUIL

PARIS
LIBRAIRIE ANDRÉ SAGNIER
9, RUE VIVIENNE, 9

PRIX : 1 FRANC

Offert par l'auteur au citoyen Brunereau, son beau-père.

10 juillet 1873.

M. [illegible]

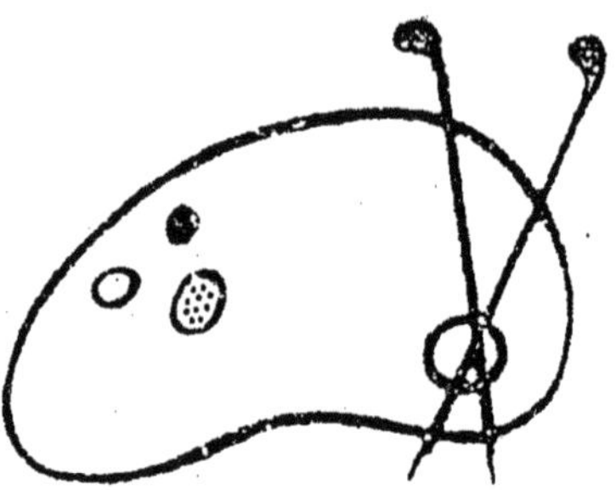

Fin d'une série de documents
en couleur

PAGES VIERGES

LETTRES

D'UN

BON ROUGE

ORLÉANS, IMPRIMERIE DE G. JACOB, CLOÎTRE SAINT-ÉTIENNE, 4.

M. A. GROMIER

LETTRES D'UN BON ROUGE

A LA COMMUNE DE PARIS

PRÉFACE D'A. MONNANTEUIL

(Annotations de Jean-Louis Albin, faites en 73-74 à la prison de Nevers.)

M. Gromier

PARIS
LIBRAIRIE ANDRÉ SAGNIER
9, RUE VIVIENNE, 9

1873

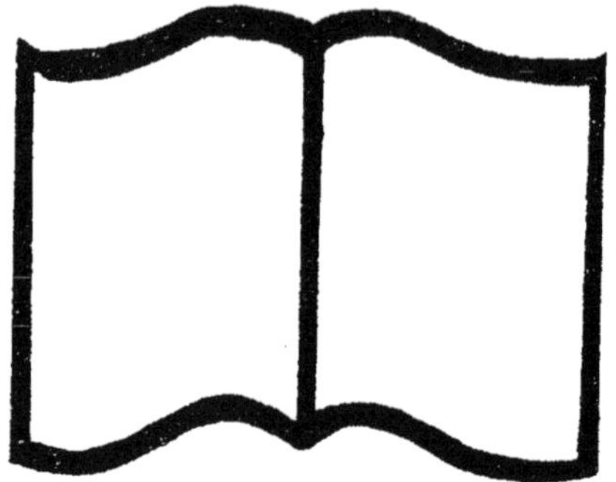

PAGES VIERGES

AVANT-PROPOS DE L'ÉDITEUR

L'heure est-elle déjà venue de fournir à l'histoire de l'année 1871 les documents intéressants, c'est-à-dire ceux qui reflètent le mieux les idées du milieu dans lequel ils se sont produits? Nous ne savons; mais nous croyons, néanmoins, devoir en faire l'expérience.

Les *Lettres d'un bon Rouge*, publiées dans la *Vérité*, reproduites immédiatement dans la *Patrie*, dont les opinions étaient complètement opposées, ont été traduites en cinq langues dès leur apparition. Leur succès a été considérable. Pourquoi?... Le lecteur jugera, s'il se souvient encore des tristes événements au milieu desquels elles ont été écrites. (1)

---

1) Ajoutons que ces "Lettres" valurent à leur auteur cinq mois de prison préventive, et, en suite d'un jugement par devant le 3e Conseil de guerre de Versailles : six mois d'emprisonnement à Sainte-Pélagie, avec une amende et des frais s'élevant à 627 francs ; le tout indépendamment du jugement nouveau du 15 Novembre 1873.

PRÉFACE

> « On ajoute que la recrudescence de l'insurrection en Algérie est l'œuvre des machinations prussiennes. — M. de Bismark rêve la possession pour l'Allemagne, *alors puissance maritime*, d'une partie du littoral de la Méditerranée! »
>
> (UN BON ROUGE, lettre du 23 avril 1871.)

Il est une vérité incontestable qui a dû bien des fois chatouiller l'appétit ambitieux du chancelier fédéral ; c'est la suivante :

Une nation continentale, aussi forte, aussi étendue puisse-t-elle être, malgré toutes les annexions qu'elle pourra faire, et tous les lambeaux de sol qu'elle coudra à son territoire, ne sera jamais qu'une « puissance de second ordre, » tant qu'elle ne sera que « continentale. »

Et M. de Bismark sait, mieux que personne, que, pour s'être agrandie de tous les pouces de terrain qu'un ministre pleurard avait juré de ne pas livrer, la Prusse n'est cependant et ne sera jamais regardée que comme une puissance continentale, tant qu'elle n'aura pour promener son ombre de flotte que le lac tortueux de la Baltique.

D'autre part, la France, malgré ses revers, n'en reste pas moins une gigantesque puissance maritime; l'Atlantique vient majestueusement briser ses vagues sur son immense littoral de Dunkerque à la Bidassoa, et la Méditerranée baigne ses côtes de Port-Vendres à Monaco. Ajoutez que la France tient la clé de l'Algérie, et qu'elle n'a qu'un pas à faire, un canal à franchir, pour se répandre de la mer Rouge dans toute l'étendue des mers où s'étalent, riches et fécondes, les magnifiques colonies des Indes! Et M. de Bismark, réfléchissant à tout cela, considérant avec dépit son triomphe continental, s'écrie, en caressant un rêve admirable :

« Si j'étais puissance maritime! »

Guillaume est content : il est empereur; mais son Richelieu n'est pas satisfait. Il ne suffit pas de conquérir, pense-t-il; il faut aussi savoir, non seulement conserver ses conquêtes, mais encore s'assurer qu'elles ne vous seront point préjudiciables dans le cas où viendrait à surgir une complication diplomatique.

Ce cas peut se présenter, et il n'est certes pas invraisemblable, en présence des armements si importants que font les nations européennes; et alors quels bénéfices, quels avantages tirerait la Prusse de ses annexions, si ses conquêtes gênaient ses mouvements pour l'avenir, ou si elle se voyait obligée, pour les maintenir et les conserver, de sacrifier les milliards que l'Assemblée de Bordeaux lui a votés?

Cela posé, n'est-il pas raisonnable de penser que l'intention du ministre prussien serait de chercher à échanger tôt ou tard le territoire alsacien et lorrain contre une colonie française qui ferait de la Prusse une puissance de premier ordre, en la rendant puissance maritime?

Comme M. de Bismark est fort habile, il persuaderait à la France qu'il n'a jamais eu à son égard que les plus louables intentions : qu'il comprend que l'Alsace et la Lorraine, à elle ravies, la démembrent, et qu'il regrette une guerre qui lui a permis de les prendre; qu'après tout il n'y tient pas tant que cela, qu'il prouve ainsi sa bonne amitié pour nous, et que, si nous voulions, nous pourrions échanger avec lui ces deux provinces contre autre chose, une colonie, par exemple, une colonie qui nous coûte beaucoup plus cher qu'elle ne nous rapporte, qui lui paraît inutile pour nous, comme l'Algérie, etc., etc.

A moins encore qu'il n'ait une arrière-pensée sur la Hollande, ce qui lui plairait mieux, mais ce qui conviendrait moins à l'Angleterre.

Ce sont là petits manéges et grandes roueries, fort dignes du chancelier fédéral ; et si l'on veut bien réfléchir qu'il existe une alliance russo-prussienne, les puissances qui ont laissé si gratuitement massacrer la France pourraient peut-être bien comprendre aujourd'hui que leur châtiment serait la réalisation du programme poursuivi par M. de Bismark :

La Prusse, puissance maritime !

ARTHUR MONNANTEUIL. (1)

---

1) Cette préface n'est que la reproduction d'un article d'Arthur Mornanteuil paru dans la "Patrie en deuil", que dirigeait alors le citoyen Gromier. ~~Il~~ n'est pas inutile d'en établir ainsi l'origine, en prévision des probabilités de l'avenir.

(1) Plus tard : La Constitution, plus tard : Le Corsaire, plus tard : L'Avenir National, plus tard : La Ville de Paris.

---

(2) Critiques et conseils furent malheureusement inutiles ; le mouvement communaliste était prématuré en 71 et surtout mal dirigé.

LETTRES

D'UN

BON ROUGE

On lit dans la *Vérité :*

« Il est tombé aujourd'hui, par hasard, entre les mains de l'un de nos rédacteurs, un manuscrit qu'il nous a semblé curieux de reproduire. C'est une sorte de lettre-journal adressée par un fervent partisan de la Commune à ses amis de la révolution du 18 mars.

« Nous engageons vivement l'auteur de ce manuscrit à nous adresser la suite de son travail. Ce sera pour lui un excellent moyen de faire parvenir ses *critiques* et ses *conseils* à messieurs du Comité et de la Commune. »

PREMIÈRE LETTRE

Aux Membres de la Commune de Paris.

Citoyens,

C'est un ami qui vous parle; il a même but, mêmes idées que vous; il a souffert, comme vous, sous l'Empire et sous le gouvernement de la défaillance nationale; écoutez-le; — ses conseils serviront peut-être au bien de la patrie, à la constitution de la Commune de Paris, au salut de la République des États-Unis d'Europe.

Citoyens,

Vous avez noblement et courageusement agi, soit alors que vous inspiriez le Comité central, soit depuis la récente époque de votre élection.

Désintéressement scrupuleux, modestie, intelligence, audace, vous avez eu, simultanément, toutes les vertus qui font, je ne dirai pas l'homme

(1) Sous l'Empire, Granier subit trois condamnations politiques dont l'une à cinq ans de détention; sous le Gouvernement des Quatre-Septembriseurs, il fut, après le 31 Octobre révoqué de son grade de chef de bataillon et poursuivi par Trochu.

(1) *Gentlemen* est pris ici dans le sens de bourgeois; *Businessmen* veut dire manieurs d'affaires; *Workmen* signifie travailleurs.

politique habile (ce serait un mensonge et un mauvais compliment), mais toutes les vertus qui font l'honnête citoyen. Le tact seul vous a manqué, parfois, avec peut-être aussi un peu de ce qu'on appelle, à New-Yorck, la connaissance du mécanisme des affaires. Vous n'êtes, en effet, pour la plupart, ni *gentlemen*, ni *businessmen;* tant mieux pour vous, mes amis, — vous êtes des *workmen* braves et loyaux... (Nombre parmi vous, exilés d'autrefois ou simples voyageurs, expliqueront aux autres la nature de ces trois diverses appellations.)

Au résumé, à côté d'actes indiscutables qui ont justement établi dans tout Paris l'influence morale et la force matérielle dont tout gouvernement a besoin pour être stable, certains décrets, certaines mesures prises, certains modes d'exécution ont été dépourvus du fond qui solidifie et de la forme qui adoucit.

Eh bien! après avoir dit à l'avance que votre léger manque de tact et votre incomplète connaissance des affaires avaient causé et continuaient à causer tout ce mal, par bonheur réparable, je veux essayer de vous faire toucher du doigt la partie malade de vos opérations, afin que vous y remédiiez, et pour cela, je passerai en revue le contenu de votre *Journal officiel*.

Citoyens,

La publication et la mise en vente de votre *Journal officiel* est la première faute que je vous reprocherai. Jadis, que n'a-t-on pas dit, en effet, soit à l'occasion du monopole de M. Dalloz, soit à l'occasion de celui plus récent de M. Wittersheim? En vous indiquant le remède, je vous rappellerai, j'espère, le dommage que, comme moi, vous avez autrefois signalé.

Vos délibérations se terminent, chaque soir, de onze heures à minuit. Pourquoi en confier l'exclusive relation à un journal *monopoliseur?* Ne pouvez-vous simplement les inscrire sur une feuille ordinaire, immédiatement communiquée, *gratis et par vos agents*, d'abord à tous les journaux du matin avant leur tirage, vers deux heures environ, — puis affichée sur tous les murs de la ville, — enfin, expédiée à tous les journaux des départements et aux conseils communaux de la France, qui la feront de même afficher et connaître?

D'autre part, à quoi songez-vous donc, alors que vous en confiez la rédaction à des journalistes bouffis d'orgueil, qui occasionnent ensuite des gorges chaudes à vos dépens? Je ne veux point approfondir le malheureux incident Lebeau (1); si, à cet égard, je voulais avancer quelque chose, c'est d'un autre ci-

(1) Le sieur Lebeau s'était installé et improvisé directeur de l'« Officiel » de la manière la plus bouffonne et avait commis à l'hôtel du quai Voltaire de véritables chefs d'œuvre de suffisance et d'ânerie.

(1) Vésinier, au dire du "Bon Rouge" est une nature incomprise, un caractère inapprécié, un homme absolument ignoré sous son jour réel ; il en veut longuement parler dans son ouvrage "Hommes et Choses de France".

toyen que je parlerais, et celui-là, vous avez eu la maladresse de ne point continuer à user de ses excellents services, parce qu'il était aussi grincheux que bossu (allons, sans le vouloir, j'ai nommé le brave citoyen Vésinier!). (1)

Mais ces vétilles mises à part, que ne confiez-vous la rédaction de la simple feuille gratuite dont je vous parle aux citoyens Félix Pyat, Delescluze, Ranc, Arthur Arnould, Paschal Grousset et Vermorel, que vous avez parmi vous? Ce sont là des gens dont les noms parlent dans notre monde démocratique. Croyez-moi, donnez-leur le soin de toutes les œuvres d'esprit (sans calembour) de la Commune. Votre feuille alors sera comme un manifeste perpétuel de votre immuable programme républicain, et tout le monde y gagnera : principes fidèlement exposés, lecteurs ravis, feuille modèle.

Ces vérités mises au jour, je vais passer à l'examen rapide du *Journal officiel*, publié sous votre direction et par vos employés. J'examinerai et discuterai vos décrets et vos manifestes ; comme je l'ai déclaré dès l'abord, j'aurai, je le sais, fort peu à reprendre, beaucoup à approuver, maintes choses peut-être à conseiller encore. En tous cas possibles, veuillez le croire, citoyens, le désir de coopérer, *de loin*, avec vous tous, à la rénovation indispensable du pays, dictera l'expression de mon sentiment ainsi divulgué.

Je débute par la revue critique du *Journal officiel* du temps où le Comité central dirigeait les affaires de la Commune en préparation : du 20 mars 1871 au 30 du même mois.

20 mars 1871.

Citoyens,

Votre justification est parfaite d'exposition lucide et de logiques raisonnements ; vos déclarations au peuple et à la garde nationale sont aussi précises qu'intelligentes ; votre lettre aux départements est un chef-d'œuvre de finesse politique. Il m'a semblé, vraiment, relire la prose nette, convaincante et froide, en son enthousiasme énergique, de l'auteur d'*Un dernier mot* (Blanqui). (1)

Surtout, j'ai admiré la courte phrase à l'adresse de la Prusse. Ah ! mes amis, que les bonnes femmes de mon quartier, rassurées par votre publique adhésion au traité de paix signé à Versailles, vous ont gagné des partisans, ce beau jour-là !

Mais il faut que je le confesse, votre coup de maître, dans ce numéro précieux, je le trouve dans la conservation de son ancien aspect, de son ancienne typographie, de son ancien format, de son ancien titre à cette feuille que M. Wittersheim et

1) La *Lettre aux départements* était de Vésinier qui fut assisté surtout de Longuet dans la publication de ces premiers n[os] de l'*Officiel*.

(1) Les rédacteurs de l'*Officiel* de M. Thiers avaient laissé sur un bureau l'épreuve d'un article assez insignifiant signé *Mouton*, les rédacteurs de l'*Officiel* de Vésinier utilisèrent cet article en le signant *Mérinos*.

ces bons gâteux les ruraux ont dû lire avec une stupéfaction si grande!

Oui, l'article Mérinos-Mouton y compris, le *Journal officiel* du 20 mars de la République française ne laisse rien à désirer aux plus difficiles.

21 mars.

J'impose trêve ici à mon contentement. *La Révolution du 18 mars* me satisfait assurément, et pour bonne cause; mais, en vérité, je vous le demande, citoyens, que vient faire en ce malencontreux numéro la protestation du citoyen Blanqui et la machine usée de la Villette?

De la franchise entre nous : le nom de Blanqui est devenu un nuisible épouvantail; vous avez eu tort de l'étaler sans absolue nécessité.

Ou Blanqui est à Paris, ou il est ailleurs : c'est une vérité de La Palisse. A mon humble avis, évidemment, la question n'est pas là : elle est dans le fait même de l'émoi qu'à tort ou à raison la citation du nom seul de ce citoyen excite dans la capitale ; elle est dans le fait de l'aveu de Delescluze, se déclarant démissionnaire si vous nommez Blanqui votre président ; elle est dans le fait même de l'avide curiosité de chacun se demandant : *Est-il ici? est-il ailleurs?*

Confiez-vous, citoyens, en l'expérience d'un ami :

sans répondre à nulle prière d'enquête, ne parlez ni en bien ni en mal de Blanqui dans votre *Journal officiel*. Souvenez-vous, c'est le cas, que *trop parler nuit*. (1)

22 mars.

Citoyens,

Qui vous conseille? Qui vous dicte vos choix? Où avez-vous la tête?

Raoul du Bisson, Valigrane, Dardelle!... Singulières nominations! Que va dire Aurélien Scholl? Que va penser certain bataillon de la garde nationale? Que criera partout le fournisseur des chevaux de M. le comte? (2)

Ah! mes braves *workmen*, prenez garde! L'incident Gasnier de Montmartre devrait vous mieux éclairer, ainsi que l'incident Lullier-Flor O'Squarr! Je vous en prie, restreignez les distributions de galons : *quand on prend du galon*, etc., le mot est terriblement juste, ne l'oubliez plus.

Semblable rappel à l'ordre pour votre Avertissement a la presse : le général Espinasse, seul, pouvait le signer, au 2 décembre!

Un peu de baume, maintenant : Paris est dans le droit; il mérite complète approbation.

1) Chacun sait aujourd'hui où était alors le malheureux citoyen Blanqui.

2) Les évènements ont prouvé la folie de ceux qui se confièrent en Raoul du Bisson, Valigrane, Dardelle, ainsi qu'en Garnier et Lullier, ce dernier a, du reste, publiquement avoué sa honteuse connivence avec Versailles et son infâmie.

(1) Allusion à une traduction trop *intéressée* de la réponse de l'Allemagne aux faits accomplis dans Paris.

---

(2) Voir ce curieux N° de l'Officiel.

---

(3) Varlin avait été l'habile fondateur de la *Marmite* de la rue Larrey.

---

23 mars.

Le citoyen Frankel, de la Commune, est instamment prié de savoir, une autre fois, distinguer, en sa qualité d'Allemand, la différence de *friedlich* avec *freundlich*.

La lettre du citoyen Delescluze est superbe d'honnêteté politique.

La reproduction du vieil article de ce pauvre *Siècle* est une excellente malice.

Mais pourquoi le *Journal officiel de la République française* sert-il à l'affichage des réclames de certains de ses rédacteurs-libraires ?

24 mars.

Bravo ! Le décret de convocation des électeurs pour le 26 est formulé comme il devait l'être.

Que vois-je, à présent ? Le Régicide, par J.-P. Pagès ! Citoyens, un peu de mémoire ! Vos ancêtres de 93 ne disaient pas au public ces sortes de choses... Ils les faisaient.

Maintenant, voici pour ministre des finances le citoyen Varlin, ex-relieur, membre de l'*Internationale*, honnête et bon garçon qui a le tort, cependant, de trop aimer Karl Marx, son ancien copain de Londres. Eh bien ! ce choix n'est pas trop mauvais, je le déclare.

Lefrançais, toutefois, aurait eu ma préférence, et je le déclare aussi pour que, au besoin, on se le rappelle.

25 mars.

Le résumé de l'enquête ouverte à l'occasion de l'événement de la place Vendôme est magnifiquement rédigé. Le témoignage du général Sheridan est un *mot de la fin* semblable à la flèche du Parthe. Nos compliments au citoyen Bergeret.

Le citoyen Vaillant est mis au ministère de l'intérieur : très-bien, sans réserve. Ingénieur ingénieux, lettré jusqu'au bout des ongles, ayant beaucoup vu et beaucoup retenu en ses nombreux voyages... d'Allemagne, patriote, républicain et homme d'action éprouvé, Vaillant, lui, est réellement à sa place. Qu'il soit prudent, malgré cela, car à ses côtés se trouve un sien ami trop exalté, trop oseur (je n'ai pas nommé le long et brave Longuet).

Brunel est à la guerre ! Si je lisais Brunet, passe encore : il est connu de tous, celui-là. Mais Brunel ?... Je ne me souviens que de la confidence d'un ami et la résume ainsi :

« *On* fait son possible pour entraver l'équipement et l'armement des *Vengeurs de Paris* qui

1) Malheureusement Lefrançais fut constamment impuissant à l'Hôtel-de-Ville et, de dépit, fit plutôt acte de soldat intrépide que de conseiller communal.

---

2) Jean Brunet, à présent la bête noire de Gromier, avait été, durant le premier siège, son visiteur de chaque jour et c'est sur sa présentation que M. Portalis avait accepté alors pour "La Vérité", la collaboration de l'ancien écrivain militaire du "Siècle", depuis député.

---

(1). La Commune pécha par la multiplicité de ses affiches personnelles. Elle eût plus utilement reproduit les affiches de Versailles dans lesquelles M. Thiers mentait si effrontément.

(2) Sous l'Empire, lors du procès Naquet-Acollas, on se rappelle le rôle joué par Chouteau.

déjà, eux, ont fait leurs preuves aux côtés de Garibaldi. »

Ma foi, citoyens, *méfiance est mère de sûreté*. Garez-vous !!!

26 mars.

Amouroux a été le délégué du Comité central à Lyon !... Trop jeune en politique (je ne dis pas en courage, croyez-le bien). Il fallait envoyer Avrial et Pierre Denis.

Reproduction de la dépêche du *Weekly Lloyd :* approuvé. Mais, pourquoi ne pas avoir affiché cette dépêche ? Pourquoi surtout ne pas avoir affiché le fameux discours de M. Jules Favre sur cette affreuse ville de Paris ? (1)

Le 10 août, par Edgar Quinet. A la bonne heure ! Continuez de la sorte.

27 mars.

Je rencontre le nom de Chouteau. Citoyens du Comité central, je suis trop l'ami et l'obligé du citoyen Emile Acollas pour ne pas dire à Chouteau : Disparaissez... La femme de César ne doit pas être même soupçonnée ! (2)

La déclaration de la retraite du Comité a toutes mes sympathies et tous mes éloges.

28 mars.

Encore un article sur *le Régicide !*

Alors donnez-moi : LE TOAST A LA BALLE, puisque vous tenez à vous affirmer ainsi. (1)

29 mars.

Citoyens,

Vous le voyez, en vos œuvres *écrites*, j'ai trouvé peu, fort peu à reprendre, puisque j'approuve tout ce dont je ne parle pas.

Ne vous pressez pas trop, néanmoins ; demain j'examinerai le *Journal officiel de la Commune* en ses numéros des 30, 31 mars, 1er et 2 avril 1871, et peut-être ne serez-vous pas entièrement satisfaits de mes appréciations sincères et franches.

Salut et fraternité.

1) *Le toast à la balle*, rédigé par Félix Pyat, et lu par Gromier, le 21 Janvier 1870, au banquet des libres-penseurs, à Saint-Mandé. C'est cette lecture qui valut au "Bon Rouge" sa comparution devant la Haute-Cour de Blois, présidée par Messire Zangiacomi, assisté du Procureur Grandperret et des policiers Guérin et Sappia.

---

(1) Pour toute cette lettre, il faut que le lecteur ait en même temps sous les yeux la Collection du "*Journal Officiel de la Commune*" éditée par "Le Siècle" en 1872.

DEUXIÈME LETTRE

1er avril 1871.

Citoyens,

Je vous l'ai dit hier, peut-être ne serez-vous pas entièrement satisfaits de mes appréciations sincères et franches. Mais à critique situation il faut remède énergique, et, dans les circonstances où vous vous trouvez, toute vérité, tant dure soit-elle, doit vous parvenir par l'intermédiaire de vos vrais amis. Citoyens, je suis l'un de ces amis véritables : écoutez-moi.

Voici mon opinion sur votre *Journal officiel* des 30, 31 mars, 1er et 2 avril 1871.

30 mars 1871.

Journal officiel de la Commune de Paris. — No 1.

Superbe début ! superbe titre ! Titre répondant bien à votre position !...

Vous êtes, chers amis, les élus du peuple de la

capitale, les membres de la municipalité parisienne, les maîtres de la ville, en tant que simple agglomération civique. Votre mandat s'arrête et se brise contre les murailles de l'enceinte qui défend les foyers de vos électeurs du 26 ; c'est pour ces électeurs seulement que vous agissez, que vous avez mandat et pouvoir d'agir. Reconnaissant la limite de vos droits, vous intitulez votre organe : *Journal de la Commune de Paris*. Citoyens, je vous en félicite, tout en vous rappelant néanmoins n es restrictions d'hier à propos de la vente et du monopole anti-républicains de votre officielle publication.

Et maintenant, voyons ce que cette publication renferme :

La conscription est abolie ; tous les citoyens valides font partie de la garde nationale. (1)

Excellent, si votre mesure s'applique simplement à la capitale ; sujet à l'adhésion de la France, si vous vous adressez à toute la nation. Dans l'un et l'autre cas, nécessitant un supplément d'articles, car je ne pense pas que vous vouliez d'un trait de plume désorganiser, sans leur attribuer en même temps d'immédiates ressources puisées dans la vie publique ordinaire, tous les nombreux éléments qui composent aujourd'hui notre pitoyable armée.

(1) Malheureusement, on n'expulsa pas de Paris les citoyens qui refusèrent de remplir leurs devoirs de gardes nationaux. Il ne fallait pas de demi-mesures.

(1) Quel livre à écrire sur la rapacité des propriétaires pendant les deux sièges de Paris 1870-1871 !

Remise générale est faite aux locataires des termes d'octobre 1870, janvier et avril 1871, etc.

Je me répète : excellent, si votre mesure s'appliquait simplement à la capitale ; sujet à l'adhésion de la France, si vous vous adressez à toute la nation. Et toujours, dans l'un et l'autre cas, nécessitant un supplément d'articles, car je ne crois pas équitable d'alléger du prix de ces termes de loyers la bourse rebondie des épiciers, des restaurateurs, des entrepreneurs d'équipements militaires qui se sont enrichis depuis le 4 septembre aux dépens de l'honneur et du sang français.

La vente des objets déposés au Mont-de-Piété est suspendue.

Il faut, une fois encore, autoriser le retrait gratuit de tout objet sur lequel il n'a pas été prêté plus de quinze francs.

Organisation des Commissions.

Assez bonne, surtout celle de la *Commission exécutive*, où pourtant il me semble que prédomine trop l'élément blanquiste (Eudes, Tridon, Duval et Bergeret).

J'augure moins des autres, parce que Beslay et Varlin, aux finances, ne compensent pas assez

Victor Clément, Jourde (est-ce celui du *Siècle?*) et Régère de l'*Union républicaine.*

Parce que les généraux Pindy, menuisier, Ranvier, négociant, me font rire, dans la commission militaire; que Bergeret et Flourens me font trembler pour... la sagesse de la Commune, et que papa Chardon est trop bon enfant pour prendre au sérieux ses larges galons de colonel.

Parce qu'aux *subsistances*, à part J.-B. Clément, le journaliste rageur, et Simon Dereure, le cordonnier gérant de la *Marseillaise*, les membres nommés me sont absolument inconnus;

Parce qu'à *l'extérieur*, des hommes de lettres comme Ch. Gérardin, Arthur Arnould et Ulysse Parent ne suffisent pas, même à côté de Paschal Grousset, et que Ranc et Delescluze ne sont pas là à leur place; leur place a été prise par Raoul Rigault;

Parce qu'*aux services publics* J.-B. Clément, déjà nommé, est encore là tout seul;

Parce qu'à l'*enseignement*, Jules Vallès, Verdure, Goupil et Robinet auront trop à cœur d'évangéliser d'abord Demay le sculpteur et d'apprendre à lire aux deux autres.

Pourtant au *travail, à l'industrie et à l'échange,* j'aime à rencontrer Malon, Frankel, Theisz, Dupont, Avrial, etc.; (1)

(1) Cette commission fut celle qui se distingua le plus par ses opérations réorganisatrices de l'équilibre social. Au reste, partout où sera Malon, les prolétaires verront diminuer leurs souffrances.

---

(1) Hélas ! Peu après, Ranc démissionna, donnant un exemple regrettable d'abandon au moment du danger.

A la justice, Ranc, derechef, Vermorel et Protot me satisfont; (1)

A la sûreté générale, Raoult Rigault et consorts m'amusent sans le moins du monde me déplaire... Ils sont fous, mais... de bonne foi.

Et, toutefois, je m'effraie, à tort ou à raison, au résumé de cet examen de l'*organisation des commissions* précitées.

C'est que la tâche à entreprendre est immense; c'est que les moyens de la prompte rénovation sont peu nombreux et peu accessibles; c'est que, comme je le disais aussi dans ma lettre première, les membres de la Commune sont des travailleurs, des ouvriers, non des économistes, des organisateurs et des administrateurs à l'esprit primesautier, tels que l'exige l'ère nouvelle ouverte par ces travailleurs, ces ouvriers eux-mêmes!

Ah! citoyens de la Commune, alerte, alerte! Il ne suffit pas de détruire; il ne suffit pas même d'édifier; il faut encore bâtir solide et du premier jet. Or, vous marchez à tâtons et à soubresauts, au lieu d'avancer fermes, rigides, inflexibles, immuables et, de plus, *logiques et précis!*

31 mars 1871.

Dès le second jour de votre existence, en effet, non seulement votre organe n'est déjà plus celui de la *Commune de Paris*, mais bien à nouveau celui de la République française; — vos actes encore, citoyens, ne sont plus simplement municipaux. Nommés par Paris seul, vous parlez à toute la France! Grand tort, tort capital, citoyens!

Je n'approuve nullement, par suite, votre *Rapport de la commission des electeurs.*

Je ne puis en effet l'admettre, en théorie comme en pratique, que si (ce que, du reste, vous semblez tenter) vous déclariez: *la France* démembrée en fait (et elle l'est); l'*Assemblée nationale*, assemblée rurale, illégalement survivant à la conclusion de notre infamant traité de paix (et elle l'est encore); puis *Paris* absolument libre de toute attache avec la mère-patrie française (et il ne l'est pas et ne peut pas l'être)... Espérons qu'il ne le sera jamais... bien qu'hélas! à cet instant même, cette mère-patrie, rendue folle furieuse, idiote enragée *par ses malheurs*, s'occupe à dévorer son premier né, son meilleur et son plus bel enfant!

Ah! citoyens, dans ce numéro de votre *Journal officiel*, plutôt que d'insérer votre fastidieuse tartine *sur la foire aux jambons*, que n'avez-vous eu la bonne pensée — pouvoir suprême en mains, influence morale partout obtenue et force militaire à votre disposition complète — de faire un *appel à la conciliation*?... (1)

(1) Le citoyen Gronier, aujourd'hui, 1873, sait pertinemment que tout appel à la conciliation alors devait être inutile ; MM. Thiers et Jules Favre, c'est maintenant historique, voulaient amener les journées de mai-juin 71, et ce ne fut pas leur faute si elles ne furent pas encore plus abominables.

(Ces notes sont écrites, à Nevers, en prison, à côté de Gronier lui-même avec lequel l'annotateur a été condamné.)

---

(1) Protot trouva dans les seules prisons de Paris 742 prévenus qui n'avaient jamais été interrogés encore.

(2) Pourquoi n'avoir point aussi désigné le minimum possible ? Nous le fixerions, nous, à 1800 francs.

1er avril 1871.

Cet appel, il est vrai, vous l'avez essayé en invitant les intéressés à vous donner leurs avis sur la question des échéances à résoudre. Vous l'avez essayé encore en nommant Protot, l'avocat de Mégy, comme l'arbitre et en même temps le garant de la liberté individuelle de tous les citoyens. (1) Vous l'avez essayé aussi en vous efforçant d'expliquer à vos adversaires la soi-disant exclusive nature *municipale* de vos arrêtés, de vos décrets, de vos nominations.

2 avril 1871.

Cet appel, vous l'avez essayé, enfin, en convoquant pour mercredi les électeurs des 1er, 2e, 6e, 8e, 9e, 12e, 16e, 17e, 18e et 19e arrondissements à leurs élections *municipales* complémentaires; — en réduisant à un *maximum* de 6,000 fr. le traitement des employés aux divers services communaux; (2) en ordonnant la présentation d'un projet relatif à l'achèvement des travaux dans la ville de Paris; en publiant surtout le discours d'installation du citoyen Beslay, votre doyen d'âge, discours qui restera comme un monument de sincérité, de bon sens et de patriotisme; — discours-programme dont les mots *paix et travail* étaient le fondement.

Citoyens,

Cela n'est pas assez : il faut davantage ; je veux oser vous dire ce qu'il faut.

Il faut négocier avec Versailles, et voici les bases de l'accommodement que vous devez autoriser les négociants du second arrondissement à discuter :

1° Dissolution immédiate de l'Assemblée nationale, qui n'a plus de raison d'être depuis l'accomplissement de son réel mandat : *le vote sur la paix ou la continuation de la guerre ;*

2° Fixation au 30 avril prochain de la convocation des électeurs pour le choix de leurs mandataires à l'Assemblée constituante ;

3° Reconnaissance du droit de Paris à se régir *communalement* par ses élus *municipaux* et fixation au 30 avril encore de la réélection des membres de sa Commune ;

4° Expulsion de France des membres de l'ex-gouvernement et des ex-généraux de la défaillance nationale, à l'unique exception du citoyen Dorian ;

5° Autonomie de la garde nationale ;

6° Pouvoir intérimaire à Versailles et à Paris ;

7° Armistice et amnistie synallagmatique ;

8° Maintien de la République française et du droit communal de toute ville de France ;

9° Jusqu'au 30 avril, continuation des pouvoirs des membres de la Commune de Paris pour Paris,

(1) C'est cette première clause que M.M. de Versailles refusaient à l'avance en repoussant toute idée de conciliation et d'arrangement.

---

(2) Condition *sine qua non* du respect de la foi jurée, car M.M. Thiers et Jules Favre, une fois à Paris, eussent vite parjuré leur parole.

---

(1) Autre condition *sine qua non* du respect de la foi jurée, et, pour les mêmes motifs qu'au paragraphe 1er, clause refusée par anticipation par M. M. de l'Assemblée.

---

(2) Celui du Trocadero et du Sacré-Coeur de Montmartre, le caméléon à cheveux blancs, enfin, l'ex-socialiste.

---

et pour la France gouvernement d'un ministère de conciliation. (1)

Citoyens,

Ce ministère de conciliation, il est possible, puisque, depuis hier, à Versailles comme à Paris, on se préoccupe déjà de sa formation.

Vous, citoyens de l'ex-*Comité central*, vous présentez :

A l'extérieur, Delescluze.
A l'intérieur, Vaillant.
A la guerre, Jean Brunet. (2)
A la marine et aux colonies, Latappy.
A l'instruction publique, Rogeard.
A la justice, Protot.
Au travail, Malon.
Au commerce : Theisz.
A l'agriculture, Joigneaux.
Aux finances, Varlin.
A la sûreté publique, Tridon.
A l'administration parisienne, la Commune.

Vous, citoyens de la majorité de la Commune, vous présentez :

A l'extérieur, Beslay.
A l'intérieur, Delescluze.
A la guerre, Jean Brunet. (2)

A la marine et aux colonies : Cournet.
A l'instruction publique, Rogeard.
A la justice, Emile Acollas.
Au travail, Malon.
Au commerce, Theisz.
A l'agriculture, Joigneaux.
Aux finances, Lefrançais.
A la sûreté publique, Lucien Dubois.
A la municipalité parisienne, la Commune.

Vous, M. Thiers et MM. les députés *bien pensants* de Paris, vous en êtes venus, *cette nuit*, à présenter :

A l'extérieur, Thiers.
A l'intérieur, Peyrat.
A la guerre, Jean Brunet.
A la marine et aux colonies, Pothuau.
A l'instruction publique, Michelet.
A la justice, Dupont de Bussac.
Au travail, Dorian.
Au commerce, Tolain.
A l'agriculture, Joigneaux.
Aux finances, Millière.
Aux cultes, Edgar Quinet.
A la sûreté publique, Ranc.
A la préfecture de Paris, Tirard.

Il y a là, citoyens, des points d'entente entre ces

(1) Toujours le même Jean Brunet que devant. On voit qu'il avait su duper tout le monde.

---

(2). Lorsque parut son nom dans cette lettre, le citoyen Dupont (de Bussac) s'empressa de protester, disant qu'il n'accepterait jamais un poste des mains de M. Thiers.

---

(1) Cette lettre fut reproduite *in-extenso* dans 142 feuilles publiques, françaises ou étrangères, sur l'initiative du "*National*".

---

trois projets. Du courage (car il en faut pour se faire des concessions mutuelles), du courage et surtout de la confiance en la cause que vous servez, que vous avez vaillamment servie : du courage, citoyens, et, puisqu'on fait des propositions de part et d'autre, discutez celles de vos partenaires ; ils discuteront et admettront peut-être les vôtres.

Cela vaudra mieux que de vous entre-égorger sous les yeux des Prussiens.

Paris, 2 avril 1871.

TROISIÈME LETTRE

Citoyens,

Par le fait de l'*attaque* dont les Versaillais se sont rendus coupables envers vous, — par le fait de l'attitude désormais franchement *hostile* de l'Assemblée rurale envers Paris, — par le fait des cris de : *Vive le roi!* poussés hier à Courbevoie, et aujourd'hui à Neuilly, par les séides du chef du pouvoir exécutif de ce qu'on ose appeler la République française, — par le fait de la guerre civile engagée sur l'ordre de M. Thiers, *la France est démembrée, l'Assemblée nationale est dissoute, Paris est ville libre.*

J'approuve donc le contenu de votre *Journal officiel* d'aujourd'hui ; mais je vous invite, en attendant que vous remplaciez ce journal *monopoliseur* par une simple feuille gratuite, à l'intituler à présent *Journal officiel de la République de Paris*, ou de la *Commune parisienne*. En effet, *la République française n'existe plus!* (1)

(1) Comme les événements subséquents ont malheureusement confirmé cette déclaration ! Et combien Gromier alors ne savait pas si justement parler !!! Qu'aurait-il dit s'il avait pu prévoir ce qu'on appelle le Septennat ?

(1) Voir dans les propres journaux de M. Thiers ("Le Soir", notamment, et "Le National.") le récit de l'attaque exécutée contre les gardes nationaux parisiens, au rond-point de Courbevoie, par les soldats de M. Thiers.

---

(2) Louis Blanc a bien raison : « Toujours et partout, ceux qui donnent les premiers l'exemple du sang versé et des exécutions farouches, ce sont les hommes qui s'appellent eux-mêmes les modérés. »

Oui, citoyens, j'approuve vos résolutions de ce jour. Je vous disais hier d'avancer fermes, rigides, inflexibles, immuables et, de plus, logiques et précis : vous l'avez fait ce matin ; continuez ! Les vœux des honnêtes gens vous accompagnent ; le concours matériel des vrais républicains vous est définitivement acquis. Hélas ! triste chose à dire, ce concours, il vous faut l'employer à l'effusion du sang français par des armes et des mains françaises !...

Ah ! M. Thiers ! M. Thiers ! vous avez sali vos cheveux blancs, déshonoré votre vieillesse, perdu en un moment et vous-même, et la province, et Paris, et la France ! M. Thiers, vous avez *attaqué* LE PREMIER !...(1)

Comme Napoléon et les Prussiens doivent rire ! ! !
Vous avez ATTAQUÉ LE PREMIER. (2)

Citoyens,

Élus par la population de Paris, votre devoir, *vous le dites avec raison,* est de défendre la cité contre de coupables agresseurs. Défendez-la ; vous avez notre aide.

Citoyens,

Considérant que les hommes du gouvernement de Versailles ont ordonné et commencé cette guerre civile, mettez-les en accusation ; c'est justice. Séquestrez leurs biens jusqu'à ce qu'ils aient comparu devant la justice du peuple ; c'est justice.

Adoptez les familles des citoyens morts en défendant Paris ; c'est justice.

Merci de l'avoir compris, merci de l'avoir décrété. La conscience de la cité ratifie vos mesures ; les citoyens les exécuteront.

Qui donc, en effet, devant ses concitoyens tués ou blessés, à deux pas de ces jeunes filles mitraillées, — qui donc oserait, dans la *ville libre*, s'élever contre l'accomplissement d'arrêts nécessités par la volonté de deux millions d'hommes fatigués de l'esclavage monarchique? (1)

Non, dans Paris maintenant, toute dissidence s'efface, parce que tous se sentent solidaires des conséquences *fatales* de ces cris insensés de : VIVE LE ROI ! que poussent en plein jour, aux portes de la cité, les zouaves pontificaux, les gendarmes et les argousins du maréchal Thiers !

Cependant, ne nous trompons pas, ne péchons point par défaut d'examen ; voyons à qui profitent les événements actuels, avant de résolument nous décider ! Discutons même l'individualité réelle de l'auteur, de l'éditeur responsable de massacres fratricides commencés — car il y a dans ces mares de sang de l'EAU TROUBLE.

(1) Evidemment la Commune régnerait encore sur Paris si ses membres avaient eu le courage de leurs opinions et le courage de leurs signatures. Mais ils menacèrent seulement et se laissèrent assasiner sans se faire justice.

(1) On verra que les événements empêchèrent le citoyen Gronier de mettre les points sur les i. Pourtant, on lira facilement entre les lignes et ses allusions ne seront incompréhensibles pour personne, car, aujourd'hui, la vérité s'est fait jour sur toutes les intrigues de ces malheureux temps.

Citoyens,

Je le répète, *dans ces mares de sang, il y a de l'eau trouble*. Je vous le prouverai demain : aujourd'hui fatigue morale et fatigue matérielle s'opposent à la continuation de cette troisième lettre, et, d'autre part, camarades, *je ne suis point fâché de laisser passer encore vingt-quatre heures avant de révéler* LES TERRIBLES APPRÉHENSIONS ET LES SUSPICIONS *qu'ont inspirées à mon esprit la froide observation des hommes et des choses du jour, à Paris comme à Versailles*.

Salut et fraternité.

3 avril 1871.

N. B. — Commandé de service à l'instant, je remets la révélation annoncée à plus tard, *si les événements ne s'y opposent*. (1)

QUATRIÈME LETTRE

Citoyens,

La *Commune est en danger!* Je suis son trop sincère et trop dévoué partisan pour ne pas vous le dire. Avisez : demain, peut-être, il ne sera plus temps !...

La Commune est en danger, citoyens ; vos divisions intestines, vos légitimes suspicions, les entraînements et les représailles où vous courez la perdent. Écoutez un ami : serrez vos rangs, sondez les cœurs de votre proche entourage, augmentez votre prudence, restez dans le droit : la Commune est en danger !

Je m'explique :

1° Vos divisions intestines sont funestes ; serrez vos rangs.

Pourquoi, citoyens, Lefrançais a-t-il quitté son poste de membre de la Commission exécutive ? Pourquoi n'est-il plus le président de votre bureau ? (1)

(1) Embêté, c'est le terme propre, par les grossièretés de son entourage, Léfrançais était parti pour les avant-postes où il fit le coup de feu jusqu'au dernier moment.

(1) A ces titres, les nommés Lacord et Gaillard père furent, sous la Commune, des réacs à tous crins.

---

(2) Beslay se retira à moitié, il n'alla plus à l'Hôtel de Ville, mais il demeura à la Banque. Quant à Parent, Ranc et Lefèvre, ils abandonnèrent complètement leurs collègues et renoncèrent absolument à remplir le mandat qu'ils avaient sollicité et obtenu.

Citoyen Émile Oudet, répondez; c'est à vous que je m'adresse. Il me revient, hélas! que vous êtes la cause de cette détermination regrettable à double titre, et vraiment, si, dans votre avant-dernière réunion générale, menaçant Lefrançais de votre revolver, vous l'avez traité de *réac* bon à fusiller, je ne saurais vous en faire trop de reproches : Lefrançais est moins réactionnaire que vous, croyez-moi.

Les *réacs* se rencontrent au haut comme au bas de l'échelle politique, dans l'extrême gauche comme dans l'extrême droite d'une assemblée; car toujours ils marchèrent à reculons, comme résultat définitif, ceux qui voulurent marcher à trop grands pas ou parcourir la distance d'un seul bond. (1)

A ces causes, l'incident Oudet-Lefrançais est des plus blâmables; j'en dirai autant de la démission d'Ulysse Parent, autant de la retraite officieusement annoncée de Ranc, autant de l'absence à vos séances quotidiennes de Beslay, votre doyen. Comme Lefrançais, citoyens de la Commune, Parent, Ranc, Lefèvre et Beslay ne méritent rien moins que l'épithète offensante dont plusieurs d'entre vous se permettent de les qualifier publiquement. (2)

C'est faire preuve d'une ignorance complète de la nature du progrès sérieusement républicain que de le croire, et je doute que la Commune aille mieux en avant lorsqu'elle aura forcé ces honorables démocrates de rester derrière elle, au lieu de les voir avec fierté, avec reconnaissance, précéder son cortége, participer à son action.

2° Nos suspicions légitimes nuisent à votre influence : sondez les cœurs de certains de votre entourage.

Qu'était Ganier, l'organisateur du mouvement de Montmartre? Où est-il? Pourquoi l'avez-vous décrété d'arrestation?

Qu'était jadis Dardelle, successeur de Ganier après le 18 mars? Qu'est-il devenu?

Que reprochez-vous à Charles Lullier, successeur ou coopérateur de Ganier, Dardelle, et je crois même Dardenne de la Grangerie, — puis incarcéré après le 20 mars?

Quel est le motif de la mise en disponibilité de Brunel, successeur de Charles Lullier, après le 22 ou le 24 mars?

Pourquoi Valigrane n'est-il plus commandant du bataillon où l'avait fait nommer Assi?

Pourquoi Assi lui-même, Assi, le directeur du mouvement du 18 au 26 mars, le président de l'ex-Comité central, est-il, par vos ordres, en prison?

Je ne cite que pour mémoire Raoul du Bisson, Lebeau, etc., sur lesquels semblables interrogations sont possibles.

(1) Garnier était un agent bonapartiste.
(2) Dardelle "
(3) Lullier était un agent payé par Jules Favre
(4) Brunel était un agent bonapartiste.
(5) Valigrane "
(6) Raoul du Bisson était un agent bonapartiste. Lebeau n'était qu'un fou.

---

(1) On ne peut se faire une idée exacte des rumeurs de toute nature qui circulèrent pendant la Commune sur le compte de la plupart de ses membres, c'était à croire que Versailles payait ces racontars dont les conséquences furent désastreuses.

Citoyens,

Dès l'arrestation de n'importe quel citoyen, le public a le droit de connaître son crime, et l'arrestateur a le devoir de le divulguer. Vous avez frappé, mais vous avez gardé le silence; de fâcheuses interprétations ont naturellement pris cours. On croît plutôt au mal qu'au bien, ici-bas ! Puis, tout ce qui semble caché est suspect.

Pour exemple, sans m'occuper de Lebeau, Du Bisson, Valigrane, Brunel, Lullier, Dardenne, Dardelle, Ganier, etc., je veux uniquement vous résumer ce qui se raconte sur Assi. Vous jugerez, pauvres camarades, du tort que vous faites à la Commune et à vous-mêmes en ne publiant pas minutieusement les raisons de vos arrêtés. (1)

Assi, disent les uns, est en prison, parce que, membre de la Commune, il a voulu rester président de l'ex-Comité central, et continuer avec ce Comité la poursuite de ses premiers projets, créant ainsi, à côté de l'État fondé par lui-même, un État rival.

C'est faux ! disent les autres : le *Journal officiel* de ce matin vous dément ; il déclare que la Commune et ledit Comité ne furent jamais en désaccord ; il ajoute même que ce Comité aura désormais la haute main sur la Commune pour les choses de la guerre. Assi est en prison tout bonnement parce qu'il n'a pas voulu reconnaître à la Commune le droit d'empiéter en ses décisions sur les pouvoirs généraux du gouvernement français.

Faux encore, répliquent de nouveaux personnages : le manifeste *Aux Départements* prouve catégoriquement votre erreur, en affirmant que la Commune n'eut jamais l'intention de sortir de ses attributions purement *municipales*. Assi est en prison comme entaché de bonapartisme ! ! !

Tout le monde alors de se récrier, ce qui amène un dernier badaud à résumer cet on-dit de l'*Indépendance belge :*

« Assi fut de tout temps soudoyé par M. Rouher. Ce fut pour et par lui qu'il occasionna le mouvement socialiste du Creuzot, afin d'amener par ricochet la disgrâce de M. Schneider, tout-puissant aux Tuileries, au grand déplaisir de M. Rouher. C'est pour et par M. Rouher, qui attendait le résultat de ses intrigues à Boulogne-sur-Mer, qu'il organisa le Comité central de la fédération de la garde nationale, afin de profiter par son moyen du mouvement socialiste qui précéda, dirigea et décupla l'affaire des canons de la butte, etc. » (1)

Quand il s'agit de débiter à la foule des billevesées de cette sorte, jamais, à Paris, l'imagination des *brodeurs de révélations en plein vent* ne reste à court de divagations.

(1) Ce qu'il y a de certain c'est que Dardelle et Poulizac, premiers chefs de la forteresse de la Butte, étaient des bonapartistes. Poulizac, dès le 10 Mars, dirigeait tout un comité bonapartiste dont le secrétaire était un jeune homme de Lyon, admirablement intelligent et actif.

(1) Il fallait aller au Mont-Valérien et à Versailles dès le 19 mars ; le 6 avril, il était trop tard. Lullier est l'auteur direct de ce retard funeste.

Citoyens de la Commune, avez-vous pu ne pas le prévoir et ne pas l'empêcher en insérant purement et simplement à l'*Officiel* l'histoire véritable de l'arrestation d'Assi ? *But it is never too late to mend :* il n'est jamais trop tard pour mieux faire, après repentir. Si vous vous repentez (il y a lieu), expliquez tout, pour dissiper nos suspicions légitimes.

3° Les entraînements et les représailles où vous courez acculent la Commune dans une impasse : augmentez votre prudence, restez dans le droit.

Pourquoi ne pas toujours et partout vous borner à garder une défensive intelligente? Vous avez été attaqués *les premiers !* C'est un fait acquis, un fait immense! C'est une première et capitale victoire pour vous, citoyens. Ayez la force, ayez le courage, ayez l'habileté politique, ayez l'humanité de vous tenir sur la défensive : rien de plus! Celui qui commence a toujours tort, surtout, citoyens, alors qu'il s'agit de la guerre civile!

N'écoutez les objurgations ni de ceux qui vous crient : *A Versailles!* ni de ceux qui vous crient *Au Mont-Valérien !* (1)

C'est une pioche et une pelle qui doivent être vos meilleures armes : élevez retranchements sur retranchements autour et en avant de l'enceinte de Paris ; avancez ces retranchements, avancez-les davantage chaque jour; en un mot, élargissez la zone de vos opérations... de simples terrassements, et ne brûlez la cartouche que pour protéger vos gardes nationaux-pionniers. Vous m'en direz des nouvelles : si Trochu avait suivi ce conseil-là vers le 8 septembre (alors que je le lui avais donné), les Prussiens ne seraient pas entrés dans Paris, vous n'auriez pas été investis, vous n'auriez pas souffert de la famine... et l'Assemblée rurale ne vous attaquerait pas maintenant! (1)

Gardez donc la défensive. Mais, citoyens, gardez aussi votre sang-froid, rentrez dans le droit : *pas de représailles*. La peine du talion! la loi de Lynch! rendre le mal pour le mal! en 1871! sous la Commune!... Allons donc! Restez dans le droit!

Si Versailles perd le sens moral, si Versailles assassine, si Versailles maltraite les blessés, si Versailles fusille les prisonniers, restez dans le droit quand même, c'est-à-dire DANS LE BIEN!

Lors de notre belle manifestation contre le serment à l'Empire, aux élections générales de 1869, souvenez-vous, citoyens, des propres paroles que vous prononciez dans nos réunions publiques :

« *On n'établit pas le bien sur le mal.* Si Bonaparte a prêté serment de fidélité à la République pour arriver à l'Empire, ce n'est pas une raison

(1) Le 8 Septembre, toujours après sa sortie de la prison de Beauvais, le citoyen Gromier avait envoyé au général Trochu un mémoire sur "*La Défense de Paris par les Parisiens*". Ce mémoire fut, en octobre suivant, à peu près reproduit in-extenso dans "*le National*". Nous renvoyons le lecteur à la collection de ce journal.

---

(1) Il faut, en étudiant ces "Lettres", avoir toujours présent à l'esprit l'époque précise de leurs publications (29 mars-2 mai 71)

pour qu'un citoyen honnête prête serment à l'Empire pour arriver à la République ! »

Citoyens,

Si l'on est dans le mal à Versailles, restez dans le droit ; persistez à faire le bien dans Paris : *pas de représailles !*

Tout Paris, aujourd'hui, veut la Commune. Tout Paris travaillera aux retranchements pour elle. Tout Paris, pour la défendre, se battra et mourra, s'il le faut.

Pour la terreur, demain, la grande majorité de Paris s'abstiendra d'abord, protestera ensuite, et contre elle à la fin se révoltera.

Ne perdez pas la Commune, citoyens : *la Commune est en danger*.

A demain,

Salut et fraternité.

6 avril 1871.

CINQUIÈME LETTRE

Citoyens,

L'*Affranchi*, que dirige votre collègue Paschal Grousset, n'est pas pour vous un ami sage. Il vous a, hier, asséné le plus fameux pavé qu'ait jamais lancé sur la tête de l'*Amateur des jardins* l'ours du bon La Fontaine, et, la veille déjà, il ne vous avait pas mieux traités. Jugez-en :

Hier, il publie en toutes lettres et en première colonne de sa première page le décret (jusqu'alors tenu secret) qui délègue, avec Edmond Mégy, trois ou quatre autres citoyens courageux à la représentation de Paris auprès de la ville de Marseille ; — si bien que, dénoncés, maintenant, sur tout le parcours de leur voyage nécessaire, Mégy et ses compagnons vont courir mille périls avant d'aborder au port, *s'ils y parviennent.* (1)

Avant-hier, il vous adjure de persister dans l'observation du huis-clos qui fait si justement crier

1) Mégy parvint à se tirer des griffes de la police versaillaise ; mais, ses compagnons furent arrêtés, jugés, condamnés et déportés.

(1) Barberet (qui, depuis n'a jamais été poursuivi) était le gérant de l'*Affranchi* et l'*alter ego* de Paschal Grousset ou, plutôt, son mauvais génie. Il serait curieux de rechercher le mobile qui faisait alors agir le *populaire citoyen* Barberet ! mais ???

tout le monde contre vos mystérieuses séances. Et pour quelle raison, s'il vous plaît? Parce que les membres de la Commune ne sont pas des avocats, des orateurs, et que le compte-rendu de leurs discussions pourrait prêter à rire!... Je voudrais bien voir cela, par exemple!

C'est le contraire qui est vrai, citoyens! Puisqu'en vos réunions vous ne vous souciez point d'aligner de belles phrases, mais songez seulement à fournir de solides arguments et de bons et francs conseils inspirés par le pur, l'unique amour de la Commune, de la République universelle et des droits de l'homme-citoyen, — ces arguments solides, ces conseils francs et bons, ces discussions orageuses, mais honnêtes, il faut les divulguer en leurs derniers détails; il le faut. N'écoutez point Paschal-Grousset à ce propos. Affranchissez-vous des arguties de son journal. Jamais le beau, le vrai, le bien ne doit être tenu sous le boisseau.

Quoi qu'on en puisse dire, vos électeurs ont le droit de savoir ce que vous décidez, ce que vous faites, chacun de vous en particulier; il ne leur suffit point d'apprendre par vos décrets vos résolutions générales; leur religion doit être plus explicitement éclairée. Je vous l'ai ailleurs affirmé: tout ce qui reste caché devient promptement suspect. Je m'en rapporte au citoyen Félix Pyat, que, du reste, à cette occasion, vous n'avez pas voulu écouter.

« Qui de nous tous, s'exclamait-il, ne s'est élevé autrefois sur le huis-clos ordonné pour les séances des conseils municipaux ? Qui n'a parlé, autrefois, en faveur de la plus large mesure de publicité donnée aux séances du Corps législatif et du Sénat ? Qui n'a vociféré, récemment, contre le silence, les ténèbres dont s'entouraient, en leurs conciliabules de l'Hôtel-de-Ville, du Louvre ou du ministère des affaires étrangères, les ex-membres de ce gouvernement qui fut nommé de la Défense nationale ? »

Citoyens, n'écoutez plus l'*Affranchi*.

A l'avenir aussi, que l'*Action*, de l'ex-général gambettiste Lissagaray, ne vous émeuve pas davantage. Il vous engage à supprimer tous les journaux *mal pensants ;* gardez-vous de suivre cette inspiration funeste. (1)

Il n'y a pas de pire pays que celui où la *bonne pensée* seule peut être écrite, imprimée, mise en vente. On se dégoûte vite, d'ailleurs, de tout ce qui ne peut être contesté. Le fruit défendu est toujours le meilleur : si les journaux de la réaction attaquent la Commune, tant mieux pour la Commune ! chacun voudra la soutenir, l'accepter. Le

(1) Lissagaray suspendit la publication de son journal, partit pour les avant-postes et se conduisit admirablement pendant la semaine des barricades qu'il a, depuis, merveilleusement racontée.

---

(1) Voir la collection du "Mot d'Ordre" du 1er avril au 15 Mai 1871. Jamais semblable palinodie savante ne vit, auparavant, le grand jour de la publicité. Peu après, Rochefort en fut terriblement puni, trop puni pour que nous lui gardions rancune.

peuple de Paris est un grand enfant que la désobéissance amuse : fassent les *réacs* — pour le bien de vous tous, citoyens — que vos agissements soient chaque jour violemment incriminés, discutés, tournés en dérision !

« Tu me discutes, disait Barbès à Blanqui ; donc je vaux quelque chose, et ce quelque chose te déplaît. A merveille : je n'en aurai que plus d'adhérents. »

Citoyens,

Ne consultez pas trop encore le *Mot d'ordre :* le comte Henri Rochefort de Luçay n'est plus le Rochefort des premiers numéros de la *Lanterne.* C'est le Rochefort de l'ex-gouvernement de la défense nationale. C'est le Rochefort qui calomnie Félix Pyat et dément Gustave Flourens !!! C'est presque le Rochefort du *Figaro !...*

Henri Rochefort, ce matin, reproche au *Vengeur* la reproduction d'un chapitre de *Paris livré,* dernier et récent ouvrage du citoyen Flourens. Pourquoi Rochefort n'a-t-il pas mieux choisi son temps pour cela ?... Il y a dix jours, la *Sociale,* de Vermesch-Humbert-Vuillaume reproduisait *in extenso* ce même chapitre qui lui tient tant au cœur, *par le mauvais* côté. Il y a un mois, à l'apparition du livre, ledit chapitre était déjà parcouru et *médité.* Il y a six mois, le 31 octobre, dans la salle Saint-Jean, à l'Hôtel-de-Ville, l'auteur, Gustave Flourens en personne, répondait de sa voix tonnante à dix mille gardes nationaux ce qu'il a laissé écrit et ce que Rochefort conteste dans son numéro du *Mot d'ordre* de ce jour...

Ce n'est pas le 8 avril 1871, c'était le 31 octobre 1870 qu'il fallait contester Flourens, citoyen Henri Rochefort... (1)

Toutefois, un court, mais important éloge : vous le dites logiquement, Félix Pyat ne peut être à la fois de la Commune et du *Vengeur ;* — Paschal Grousset, de la Commune et de l'*Affranchi ;* — Jules Vallès, de la Commune et du *Cri du Peuple.* Ils peuvent être, tout au plus, de la Commune et du *Journal officiel.* On me rendra cette justice de remarquer que je l'ai déclaré formellement dès ma première épître.

Citoyen Félix Pyat, un mot donc à votre adresse, comme à l'adresse de Jules Vallès et de Paschal Grousset : vous ne pouvez plus longtemps être journaliste et conseiller communal, *vos séances de la Commune ayant lieu à huis-clos, et les procès-verbaux n'étant pas rendus publics...* M'expliquer carrément sur les détails du pourquoi m'entraînerait peut-être jusqu'à des indiscrétions désagréables ; dispensez-m'en. Chacun me comprend à demi-mot.

(1) Démentir Flourens de son vivant ....?
Rochefort en était incapable !

(1) En réponse, la Commune rendit ses séances publiques et publia dans "L'Officiel" les procès-verbaux de ses opérations. Rochefort s'empressa bien vite de railler alors l'éloquente franchise brutale des représentants du prolétariat parisien ! Comme s'il était indispensable de savoir arrondir ses phrases pour exprimer des opinions saines...

D'autre part, Henri Rochefort vous a mis en demeure d'option, et je dois vous laisser vingt-quatre heures pour lui répondre, quitte, au besoin, à m'inscrire en témoignage contre vous, si demain vous lui avez mal répondu. (1)

Salut et fraternité.

8 avril 1871.

SIXIÈME LETTRE

Citoyens,

Le 25 mars dernier, un groupe nombreux de républicains *sérieux* était réuni dans l'atelier d'un artiste célèbre ; il s'agissait d'arrêter la liste des citoyens dont la candidature méritait patronage pour les élections du lendemain. Quelqu'un avait pris la parole et proposait l'inscription du citoyen comte Henri Rochefort de Luçay. « Je mets aux voix la question de savoir si notre assemblée a l'intention de discuter la candidature du citoyen Rochefort, » dit le président. Une seule personne vota pour la discussion... et l'on passa outre.

Vous avez, je le crois, citoyens de la Commune, décidé de passer pareillement à l'ordre du jour, quand il s'est agi parmi vous d'examiner, à la suite de l'article du *Mot d'ordre*, si Félix Pyat devait ou ne devait pas quitter le *Vengeur*, pour ne s'occuper exclusivement que de siéger en vos conseils.

(1) Cette réunion eut lieu chez Et. Carjat. Brunereau, Gromier, Songeon, Marrast, Avenel, Sémerie, Parent et environ trente autre citoyens du IXe arrondissement y assistaient. La liste des candidats fut ainsi formée : Ranc, Ulysse Parent, Sémerie, Marrast, etc.. Elle passa à une grande majorité ; malheureusement, les démissions de ses membres l'annulèrent.

(1) Ledit Landrin a, plus tard, nié que Rochefort ait gardé sa plume ; mais, on sait la valeur de ce démenti arriéré, venant surtout de l'un des plus intimes secrétaires du menteur Jules Favre.

Je me permettrai de ne point vous en féliciter, car chaque jour le *Vengeur*, l'*Affranchi* et le *Cri du peuple* me fournissent une preuve de l'incompatibilité du mandat de journaliste avec celui de membre d'un conseil *qui délibère à huis-clos*. Il est si difficile, en effet, à Jules Vallès, Paschal Grousset et Félix Pyat de ne point laisser paraître en leurs feuilles quotidiennes quelque légère ombre des discussions de la nuit ou des décrets de l'*Officiel* du jour!...

M. Havin, je le sais, fut à la fois directeur du *Siècle*, député de l'Empire et co-secrétaire intime de Jérôme Napoléon. — Ernest Picard était membre de l'ex-gouvernement de la fameuse défense et co-propriétaire-rédacteur de l'*Électeur libre*. — Henri Rochefort, sous la signature de Landrin, (1) rédigea, pour le *National* du 27 octobre, sa propre défense de membre révélateur du guet-apens Bazaine-Jules-Favre-de Boyer. Henri Rochefort, je m'en souviens aussi, rédigea, sous Napoléon, dans la *Marseillaise*, le compte-rendu des faits et gestes du représentant qu'aimaient alors les Bellevillois.

Malgré tout, Henri Rochefort, qui avait tort jadis, a pleinement raison aujourd'hui : un seul bonnet ne peut couvrir deux têtes; Félix Pyat ne peut être journaliste et dictateur, *si dictateur il y a* (sur ce dernier point, on me permettra d'être dans le doute, malgré l'affirmation du citoyen Rochefort).

Vous avez donc péché, citoyens, en passant à l'ordre du jour, à l'imitation des électeurs du 25. Et vous surtout, citoyen Pyat, vous avez péché davantage! La Commune ayant voté de passer outre, le *Vengeur* ne devait pas même parler de l'incident... Or, il en parlait hier, il en parle ce matin, il en parlera demain peut-être! Citoyen, ces personnalités sont *piteuses!*...

Encore, si vous les signiez franchement!... Mais non : le *Vengeur* les signe, bien que vous seul ayez été attaqué... Puis le *Vengeur* n'empoigne même point l'affaire par ses cornes, quoiqu'elle en ait beaucoup! Il met une sourdine à sa réponse, méchante cependant.

Il se sert de mots à double entente; pour exemple, *droiture inattaquable*..... Citoyen Pyat, que n'avez-vous franchement, carrément répondu, puisque vous vouliez qu'il y eût réponse, *malgré le vote d'indifférence de la Commune?* Je vous le dis, en vérité : il fallait ou vous taire absolument ou parler *vous-même,* en commençant ainsi :

« Que M. Rochefort me remplace à l'Hôtel-de-Ville; je veux dorénavant ne hanter que la rue du Croissant; je donne ma démission de membre de la Commune. » (1)

(1) Félix Pyat, à cet instant, était circonvenu de telle sorte par certain citoyen partisan de la conciliation immédiate et quand même, qu'il hésita longtemps à casser les vitres. A la fin, pourtant, Grousset l'emporta : Pyat démissionna, mais fut réélu.

---

(1) Rochefort, effrayé de cette attaque directe du "Bon Rouge" accourut auprès de Pyat, le 12 Avril, et lui fit les plus plates et les plus pitoyables déclarations d'estime et de respect.

C'est de ce moment-là, citoyen Félix Pyat, que vous seriez réellement, effectivement, dictateur-journaliste, — du reste, pour le plus grand bien du pays.

Qu'on pèse la différence ; je ne dis pas : journaliste et dictateur ; je dis : journaliste-dictateur.

Qui fut, en effet, le *journaliste officiel* de la future Commune, et qui dirigea *dictatorialement* les efforts des partisans de la Commune, pendant le siége de Paris par les Prussiens? Félix Pyat, dans le *Combat!*

Qui fut le *journaliste-dictateur* de la campagne en faveur de l'inassermentation, pendant 1869-70? Félix Pyat, dans le *Rappel.*

Qui fut le *journaliste-dictateur* de la guerre au parjure, de la guerre à l'Empire, de la guerre sainte du droit exilé contre le crime triomphant, pendant 1849-1870? Félix Pyat, à Lausanne, Bruxelles, Londres, partout!

Citoyens de la Commune,

Qui devrait être le *journaliste officiel de la Commune de Paris?* Félix Pyat, dans le *Vengeur!* N'en déplaise au *Mot d'ordre.* (1)

Salut et fraternité.

10 avril 1871.

SEPTIÈME LETTRE (1)

Citoyens,

Il n'y a qu'une seule justice, qu'un seul droit; le *bien* ne change pas suivant les circonstances. La liberté individuelle, la liberté de la presse, toutes les libertés, bonnes hier, restent bonnes aujourd'hui. Napoléon III avait tort, Vinoy avait tort, vous avez tort, citoyens, de supprimer les journaux et d'emprisonner les journalistes.

Il n'y a pas d'ailleurs, il ne peut y avoir de journaux et de journalistes mauvais. Ésope a eu tort d'attribuer à la langue tout le bien et tout le mal possibles sur la terre; vous avez tort, citoyens, d'attribuer à la presse toute la réaction et tout le progrès possibles dans Paris. La presse réactionnaire n'a jamais existé : c'est un mythe... Le silence seul, mes amis, est une mauvaise chose, un élément de réaction. Tout ce dont on ne parle pas demeure incompris; tout ce qu'on ne discute pas

(1) Cette lettre fut lue _in-extenso_ par maître André Rousselle devant les membres du 3e Conseil de Guerre, à Versailles, le 2 Octobre 1871.

---

(1) A cet instant de la lecture de Roussel, le commandant Gaveau, déjà fou, s'écria : « C'est cela : on en a trop parlé de ces canailles, il fallait tous les fusiller de suite ! »

manque bientôt de défenseurs, de partisans, de prosélytes. La Commune a besoin d'être attaquée pour gagner du terrain dans l'esprit de la population parisienne.

Rien ne pèse tant, en effet, que l'absence de toute controverse ; de la discussion jaillit la lumière, de la réaction jaillit le progrès. Le peuple, qui voit la Commune à l'œuvre, sait faire justice morale des appréciations justes ou fausses dont la Commune est l'objet. Si vous supprimez l'opposition à la Commune, le peuple, n'entendant plus qu'un son, redeviendra méfiant et dira : Si les journaux supprimés paraissaient encore, *ils me dévoileraient certainement bien des défauts que je ne sais pas*. Qui sait, citoyens, si le peuple n'ira pas même jusqu'à penser : que *la vérité vous offense*, — lors même que vous auriez supprimé la presse opposante pour ses calomnies !

Dans cette voie illégale, citoyens, qu'une autre considération encore vous arrête. Pour la plupart, souvenez-vous-en, vous êtes les obligés des journalistes que vous poursuivez aujourd'hui : craignez d'encourir un reproche fondé d'ingratitude. Que seriez-vous, en effet, et où seriez-vous presque tous, si la presse parisienne, républicaine ou monarchique, ne vous avait, soit en bien, soit en mal, soupesés, mis en avant, discutés ?... (1)

Répondez, Raoul Rigault, seigneur du grand sabre et du képi brodé de feu MM. Choppin, Cresson et Piétri! Est-ce bien à vous, par exemple, d'avoir fait incarcérer Richardet, du *National?* En 1870, il faillit perdre son emploi pour vous avoir défendu trop vivement dans son journal contre le juge d'instruction Bernier!

Répondez, Th. Ferré, dit *Vif-Argent* et *Minimus!* Richardet n'avait-il point employé sa meilleure encre et pris sa plus fine plume pour vous complimenter, le 27 juillet dernier, à propos de votre fière déclaration à M. Zangiacomi, de la haute-cour de Blois?

Répondez, brave Garreau, ex-forgeron improvisé directeur du dépôt de l'ex-préfecture! Le *National*, grâce à Richardet, ne fit-il pas des démarches heureuses pour vous faire soigner, à Mazas, comme l'exigeait votre fâcheux état de santé?

Répondez, Dupont, commissaire central, — Protot, président de la commission de justice, et vous tous, membres de la Commune mis jadis en prison par l'Empire! La presse parisienne, en général, et le *National*, en particulier, ne vous ont-ils point toujours, dans vos malheurs, prodigué, par leur publicité, une foule de bons offices? (1)

...Mais à quoi bon ces personnalités? Citoyens de la Commune de Paris, voyez donc ce qui se fait

(1) Aussitôt après la publication de cette "Lettre", Richardet fut élargi. Il était resté cinq jours au Dépôt.

(1) Les affûts et ces pièces furent découverts et employés, mais trop tard.

à Versailles : le *National*, la *Vérité*, tous les journaux parisiens y sont interdits, saisis, mis au pilon !

....Soyez logiques : si ces journaux déplaisent là-bas, il doivent plaire ici ! ! !

Tenez, voulez-vous faire un coup de maître ? Au lieu d'incarcérer les journalistes et de supprimer les journaux, arrangez-vous pour faire entrer dans la ville les journaux qui s'impriment autour de MM. Thiers et Picard : le *Gaulois*, le *Soir*, la *Liberté*, etc. Vous jugerez alors si les élucubrations fallacieuses de la presse réactionnaire sont nuisibles à vos intérêts. Pour ma part, je l'affirme à l'avance, plus on lira dans Paris les billevesées publiées à Versailles, plus la Commune sera aimée, respectée et défendue !...

Je vous en prie donc, citoyens, invitez les membres de votre commission de sûreté (sans en excepter le colonel Chardon et le libraire Chalain) à porter sur un autre point leur activité dévorante. Les moments sont précieux : ne leur permettez pas de s'amuser aux bagatelles monstrueuses qui les occupent pour le moment.

Il vous faut des canons : ordonnez-leur de découvrir, coûte que coûte, les affûts que M. Tresca refuse de livrer et les pièces d'artillerie dont M. Cail avait reçu, tout récemment, la commande. (1)

Il vous faut des munitions : mettez-les à la piste de la poudre et du plomb enterrés sous les principaux monuments de Paris, et peut-être dans le Jardin-des-Plantes.

Il vous faut des vivres : donnez-leur mission de tirer parti des approvisionnements *secrets* de l'ex-gouvernement Trochu-Jules Favre : à cet égard, Lucien Dubois les renseignera.

Il vous faut enfin des nouvelles exactes, militaires et politiques de Versailles, de la France et de l'étranger. Faites-leur organiser un service de dépêches, — au besoin, un service d'espions de la monarchie en faveur de la République, — un service de courriers mystérieux, mais sûr ; — le citoyen Dombrowski leur en pourra procurer à foison.

Mais ne touchez pas à la presse, citoyens : il vous faut rester dans le bien, le droit, la justice. La liberté de la presse est inviolable pour tout vrai républicain, partout et en toutes circonstances.

Salut et fraternité.

11 avril 1871.

N. B. — Citoyens de la Commune, je vous communiquerai demain le résumé des bruits militaires et politiques qui circulent dans Paris depuis quelques jours. Ces bruits sont d'une importance capitale.

(1) Ces munitions furent enfin saisies vers le milieu de Mai

(2) Lucien Dubois, actuellement à Genève, pourrait publier de bien extraordinaires révélations.

(1) Quand M. Landrin le voudra, Gronier pourra prouver au public la vérité des assertions du "Bon Rouge" -

HUITIÈME LETTRE

Citoyens,

Une réplique, d'abord, à un démenti que m'ont donné le *Bonnet rouge* d'hier et le *Mot d'ordre* de ce matin :

Je maintiens mon dire.

C'est bien Henri Rochefort qui dicta à son commensal de l'Hôtel-de-Ville, au jeune et sémillant capitaine Landrin, la rédaction de l'article qu'inséra le *National*, après la divulgation par le *Combat* de la révélation Flourens.

Landrin signa simplement, et bénévolement. (1)

Aux choses *sérieuses* maintenant. L'heure presse.

Citoyens de la Commune, voici le résumé des bruits militaires et politiques qui circulent dans Paris :

1° *M. Thiers est dévoyé.* Les ruraux l'emportent. Jules Favre et Ernest Picard vont être chargés de mettre Paris à la raison *pour le compte d'Henri V.*

Avant six jours, le Mont-Valérien aidant, la capitale sera bombardée sans rémission jusqu'à ce qu'elle vienne à résipiscence : les conditions du pardon possible seront la reddition des membres de la *Commune* à la discrétion des gens de Versailles, c'est-à-dire : fusillade, Noukaïva, Cayenne et l'Inquisition. L'ordre régnera à Paris *comme il règne à Marseille et à Toulouse!*

2° *M. Thiers est impérialisé.* Le maréchal Mac-Mahon, à la tête des soldats de Napoléon III, retour d'Allemagne, se dispose, coûte que coûte, à pénétrer d'assaut dans Paris pour y établir Napoléon IV et la régence. De nombreuses intelligences lui sont acquises dans la place assiégée ; Jules Favre et Ernest Picard lui ont concilié toute la province; Bazaine et de Bismark sont consentants. Le 15 avril prochain est le jour désigné pour l'attaque décisive, qui se fera du côté de la porte Maillot!

3° *M. Thiers est parlementarisé.* Le comte de Paris, adopté par le comte de Chambord, va, pour son joyeux avènement, décréter une amnistie générale. Jules Favre et Ernest Picard seront exilés ; Paris aura toutes ses franchises électorales ; l'Assemblée sera dissoute pour être réélue un mois après par le suffrage universel maintenu. Le *self-*

(1) Tout cela est curieux à lire en 1876.

(2) Tout cela est curieux à lire en 1876. Et bien sûr, plus on ira et plus on trouvera dans ces lignes des prévisions singulières.

(1) C'eût été la seule solution ayant alors chance de quelque réussite. Heureusement, Thiers n'osa, au grand dépit des princes d'Orléans.

government formera la base de la constitution nouvelle. Les ex-députés de Paris dirigeront cette *restauration conciliatrice!* La Commune de Paris sera soumise à des réélections générales. Le système suisse sera mis en pratique pour la reconstitution de l'armée. La liberté de la presse et la liberté de conscience seront reconnues. (1)

4° *M. Thiers est germanisé.* Le 25 avril prochain, de Bismarck interviendra. Paris, occupé par les Prussiens, aura le sort de Rome de 1848 à 1870 : *ville libre, au pouvoir de l'étranger.* Les anciennes trente-six provinces françaises seront reformées; on leur ajoutera la Belgique, le Luxembourg et la Hollande, après leur avoir laissé la Lorraine et l'Alsace. Puis, du tout, on formera un *stathoudérat* dont Frédéric-Charles sera le *Protecteur.* Jules Favre et Ernest Picard seront exilés; la Commune de Paris sera maintenue; il n'y aura plus, à Paris, de garde nationale. Toutes les communes des diverses provinces françaises pourront se fédéraliser et se gouverner *municipalement,* à l'instar de la Commune de Paris. L'action militaire et l'action politique de la France disparaîtront dans l'action politique et militaire de la Prusse ou plutôt de l'Allemagne. Le nouvel empire d'Occident sera constitué, grâce à l'impulsion fédérale donnée par

Karl Marx à l'*Association européenne internationale.* (1)

5° *M. Thiers est républicanisé.* Jules Favre et Ernest Picard seront mis en jugement. La République française sera maintenue, l'Assemblée dissoute, la Commune acceptée et complétée, les grandes villes de France communalisées ; la fédération communale, démocratique et républicaine de toutes les communes françaises accomplie ; Paris-Commune restera capitale ; la patrie entière reprendra vie, courage et force. Les Prussiens seront chassés hors du territoire par tous les citoyens valides, soulevés et résolus à la mort ou à la liberté. Rénovée par ses désastres, la France réexistera sous la forme de l'antique République lacédémonienne. (2)

6° *M. Thiers est exaspéré.* Les ruraux, légitimistes, orléanistes, impérialistes, républicains modérés, en un mot les *amis de l'ordre,* veulent la destruction de Paris. Rendus tous furieux par leurs incessants échecs militaires, terrorisés jusqu'à la rage par la crainte du triomphe des idées réellement républicaines, excités par les agents de la police monarchique universelle que soudoie la Russie, les représentants des paysans de la France veulent la destruction de Paris. On soldera les

(1) Ce plan est encore dans les intentions de Bismark, prétend Gronier.

(2) C'était trop beau à réaliser ; on rendit la chose impossible. Pourtant, Thiers, un instant, fut tenté.

(1) Ecrit le 12 avril 1871 ! S'en souvenir !..

---

(2) *Omen accipio* ! En attendant, le "*Bon Rouge*" est toujours en prison !

Prussiens, qui, en se retirant, livreront aux Versaillais tous les forts de la rive droite. On armera de pièces de marine le Mont-Valérien, la Lanterne de Diogène et Châtillon. On investira Paris, et on le détruira par le fer, le feu, la famine... Après quoi, sur les cendres de cette nouvelle Sodôme, on élèvera pour Pie IX et M. Thiers une autre Jérusalem sainte... *qui durera ce que dure toute réaction...*

Ah! citoyens, n'ayez nul souci. Le progrès marchera *quand même...* Les ruraux et M. Thiers n'arrêteront pas plus la course des principes socialistes et républicains que Josué, jadis, n'arrêta le soleil! Comme le soleil, les *principes* luisent immuables pour tout le monde; l'humanité gravite constamment autour d'eux; toujours de leurs rayons elle s'échauffe davantage, et toutes les pompes à incendie révolutionnaire de la réaction ne parviendront jamais à éteindre leur chaleur croissante.

Citoyens de la Commune, en avant! en avant! On pourra détruire Paris: on ne détruira pas les principes, et, *par la force de ces principes éternels*, Paris, nouveau phénix, tôt ou tard reparaîtra VILLE LIBRE, COMMUNE AFFRANCHIE!

Salut et fraternité.

12 avril 1871.

NEUVIÈME LETTRE

Citoyens,

Je me suis déclaré votre ami dès ma première lettre. Lorsque votre triomphe paraissait le plus incertain, loin de vous abandonner comme tant d'autres (*qui ne sont dévoués qu'au succès*), je suis resté votre défenseur; toujours, suivant que vous agissiez bien ou mal, vous avez trouvé en moi un loyal approbateur ou un récriminateur impartial. Souffrez donc aujourd'hui, — alors que la fortune militaire vous est absolument favorable, — souffrez de ma part un autre conseil utile, à mon avis, à la réussite de votre fortune politique et morale.[1]

Lorsque les délégués de la *Ligue de la défense des droits de Paris* auront fait part à la capitale des résultats de la mission qu'ils viennent de remplir à Versailles, *appelez le peuple au scrutin* et faites-le voter, PAR OUI OU PAR NON, sur l'adoption ou le rejet des propositions de paix envoyées à la

(1) Le matin de l'élaboration de cette 9e lettre, Gromier avait lu une promesse formelle d'Amnistie Générale écrite par M. Thiers lui-même qui demandait à s'arranger avec Paris.

(1) Après la défaite de Paris, M. Jules Simon, jadis partisan de l'abolition de la peine de mort, s'est empressé de faire cadeau, à ses anciens électeurs d'une guillotine d'un modèle nouvellement breveté !

Commune de Paris par le gouvernement de M. Thiers. Ce vote peut s'effectuer aisément, dimanche, en même temps que celui décrété ce matin pour les élections communales complémentaires.

Dans mes lettres précédentes, je vous ai demandé un peu d'économie pour les galons de vos officiers : Cluseret a répondu par un ordre du jour admirable. Mais Cluseret ?...

Je vous ai priés de sonder les cœurs de certains de votre entourage : vous avez ordonné la mise en jugement de quelques-uns d'entre vous.

Je vous ai recommandé la circonspection dans vos attaques : Dombrowski, aussi prudent qu'habile, a reçu de vous le commandement qu'il méritait.

Je vous ai conseillé la pioche et la pelle comme vos meilleures armes : vous faites élever des retranchements autour et en avant de Paris.

Je vous ai suppliés de ne pas user de représailles : vous avez fait brûler la guillotine au pied de la statue de Voltaire. (1)

Je vous ai vertement blâmés de l'incarcération de G. Richardet, du *National :* ce brave jeune homme, cet excellent républicain est libre.

Je vous ai engagés à prendre vos vivres, votre argent, votre bronze là où ils se trouvent : vous avez envoyé à la Monnaie l'argenterie de MM. Drouyn de Lhuys et Jules Favre ; vous avez ordonné la démolition de la colonne Vendôme ; vous avez enlevé les pièces d'artillerie que détenait M. Thiébault.

Enfin, pour me résumer par un exemple des plus importants, je vous ai déclaré que Jules Vallès, Paschal Grousset, Félix Pyat ne pouvaient être, vu leur état de journalistes, membres d'un conseil *délibérant à huis-clos :* citoyens, vous avez aujourd'hui décidé la quotidienne publication du compte-rendu de vos séances ! Je vous en félicite mille et mille fois !

Eh bien ! écoutez-moi encore : appelez dimanche le peuple parisien à voter, *par oui ou par non,* sur le rejet ou l'acceptation des propositions *dites...* CONCLUANTES ! qu'ont rapportées de Versailles MM. Bonvallet, Desonnaz et Armand Adam...

Les circonstances vous en font un devoir, citoyens ! Un plébiscite dimanche peut sauver la France en sauvant Paris et en renversant Versailles ! Un plébiscite plus tardif (et MM. les ruraux vous le préparent de longue main), un plébiscite après la fin de la lutte engagée démembrera la France, en renversant Paris et en monarchisant Versailles, — qui ne l'est que trop déjà, *monarchisé !...* (1)

Citoyens,

Je vous en conjure ! ne perdez pas cette mer-

(1) Ecrit le 13 avril 1871 : qu'on ne l'oublie pas. Que de prévisions exactes ! On peut vraiment avancer que Gromier fut la Cassandre de 1871 ; aussi s'est-il créé d'innombrables ennemis.

(1) Malheureusement, la Commune était mort née ; ses entrailles étaient trop jeunes, elles manquaient de cohésion, l'accouchement avait été prématuré.

veilleuse occasion de faire affirmer à Paris son droit imprescriptible d'être *commune affranchie*, EN TANT QUE MUNICIPALITÉ.

Citoyens,

Je vous en supplie ! faites rédiger et signer, dimanche, par les cinq cent mille électeurs de Paris le manifeste de la République véritable... à Versailles, à la France, au monde entier !

Il y eut autrefois le manifeste de Brunswick contre un mouvement revendicateur identique à celui du 18 et du 26 mars 1871 ; qu'il y ait, dimanche, le manifeste de la capitale de l'humanité en faveur de ce mouvement.

Tout le monde votera, cette fois, et l'on connaîtra décidément le chiffre des Parisiens *amis de cet ordre monstrueux* qui règne à Toulouse, Limoges, Lyon, Marseille, etc.... de par les Versaillais.

Citoyens,

Les bons conseils sont les plus courts : faites voter, dimanche, les électeurs de Paris sur l'acceptation ou le rejet des propositions de l'Assemblée rurale, et... *la Commune sera sauvée !...* (1)

Salut et fraternité.

13 avril 1871.

DIXIÈME ET DERNIÈRE LETTRE

Citoyens,

Un dernier mot, une dernière lettre.

Vous n'avez point écouté, cette fois, et suivi mon conseil : hier, vous n'avez pas fait voter, *par oui ou par non,* l'acceptation ou le rejet des propositions *dites* CONCLUANTES transmises par M. Thiers à la ville de Paris. Vous refusant de demander aux électeurs s'ils veulent terminer ou poursuivre la lutte engagée avec le gouvernement de Versailles, vous vous êtes bornés à décréter et à diriger, bien insuffisamment, le complément de vos élections communales pour le choix ou le remplacement de trente et un conseillers absents. (1)

C'est un tort considérable, citoyens; c'est une faute grave dont vous ne sauriez trop essayer la réparation !

Mais vous êtes arrivés à la suprême période de votre crise politique, militaire et sociale : les troupes

(1) Elections complémentaires mal conduites au rebours de celles du 26 mars ; déjà, la désagrégation en était arrivée à ce que l'on ne put obtenir des scrutins sérieux.

---

1 Ce mouvement provincial était effectivement immense ; malheureusement, Gambetta refusa d'y coopérer activement et sa fuite à St Sébastien perdit tout.

de M. Thiers sont aux abois ; les Allemands ne peuvent se résoudre à intervenir pour ou contre Versailles ; l'Europe diplomatique, toutefois, veut obtenir des uns et des autres une solution immédiate et décisive qui lui permette de sommeiller monarchiquement pendant encore quelques années.

D'un autre côté, la France, si souvent abusée, si longtemps avachie, commence à comprendre de quel côté le soleil de la liberté se lève : *l'ordre rural ne règne* qu'à la surface de Marseille, Toulouse, Périgueux, Limoges et Lyon ; les volontaires des proclamations picardines, loin d'arriver en masses compactes au camp de Satory, parviennent à peine à composer une ou deux compagnies de quarante soldats et cent dix capitaines ; le prestige de Trochu, Vinoy, Gallifet a disparu ; l'étoile de Mac-Mahon pâlit ; l'horizon libéral s'éclaire ; la fédération républicaine se prépare : la Commune de Paris est ébauchée ! (1)

Eh bien ! en ces circonstances d'amélioration matérielle croissante, il faut, citoyens, que l'unanime volonté des Parisiens de sauvegarder leurs franchises municipales, enfin obtenues, ou de mourir en combattant pour elles, se manifeste par un vote général prochain.

Le point capital est acquis. La Commune n'est

plus discutée en elle-même ; les membres de son conseil restent seuls, désormais, en discussion, ainsi que les actes qu'ils accomplissent ou les résolutions qu'ils prennent. Le principe est reconnu : on ne récrimine plus que contre les hommes et les applications faites. Citoyens, il faut consacrer par un dernier tour de scrutin cette importante reconnaissance tacite du fait accompli ! Décrétez le plébiscite communal ! Réparez l'erreur du début acquis par la force ! Légalisez la force en légalisant les résultats ! Retrempez-vous dans le droit !

Dépêchez-vous : il en est temps. La Sainte-Alliance nous observe l'arme au bras ! Vous ne l'avez point ordonné hier ; ordonnez-le pour jeudi. Votez jeudi ; dimanche, il serait trop tard !... Hier, en effet, on s'est déjà beaucoup abstenu !

Cette abstention d'hier, pourtant, n'a point une signification désagréable : la logique exigeait que ceux-là s'abstinssent de voter le complément des conseillers de la Commune, qui n'avaient point encore été appelés à voter pour la constitution de cette Commune elle-même.

Les Parisiens, en effet, ne veulent point élire les membres du conseil central d'un gouvernement nouveau dont ils n'ont pas voté la constitution, l'organisation première, l'avènement. Ils sont dans leur bon sens : ne restez pas dans l'il-

(1) Oui, un plébiscite eut été possible utilement ; mais, seulement sous la condition d'être dirigé par des citoyens inspirant plus de confiance que les Gaillard père, les Lacord, etc ...

---

(1) Répétons-le : M. Thiers, à cette date, 17 avril, fut très tenté d'accepter un plébiscite sur cette base ; ce fut Mac-Mahon qui l'en empêcha.

légalité ! Vous le voyez : ils restent indifférents alors qu'il ne s'agit que de la désignation *des hommes* du conseil communal... Mettez-les en demeure de déclarer en leurs comices s'ils récusent ou reconnaissent et acceptent *les principes* de liberté, égalité, fraternité sociales qui forment les bases immuables et imprescriptibles de l'édifice que l'on appelle la Commune de Paris.

Les termes d'un pareil vote sont simples :

« Electeurs parisiens,

« Votez, *par oui ou par non*, sur les questions suivantes :

« Acceptez-vous les faits accomplis ? Voulez-vous conserver vos franchises municipales ? Préférez-vous le gouvernement républicain de la fédération communale française au gouvernement rural de M. Thiers et de l'Assemblée versaillaise ? Voulez-vous la dissolution de ladite Assemblée ? Voulez-vous l'élection du conseil fédéral des communes de la France affranchie ? Voulez-vous, après cette sanction des droits de chaque ville, *en tant que municipalité,* la réélection des membres de la Commune de Paris ? (1)

« Oui ou non, voulez-vous porter droite et fière la tête devant le drapeau du progrès, ou voulez-vous ramper en esclaves sous le joug de la réaction ?

« Une seule réponse, électeurs parisiens, car toutes ces questions dépendent les unes des autres, et vous ne pouvez dire oui ou non pour l'une d'elles sans dire en même temps oui ou non pour toutes.

« C'est la vie ou la mort sociale, électeurs parisiens ! Oui ou non, voulez-vous vivre ou mourir? »

Citoyens membres de la Commune, si la réponse est affirmative (et qui pourrait en douter?), impossible à M. Thiers de ramener Paris à son ancien avilissement, à son esclavage.

Il y a, dans la capitale, deux millions d'habitants dont les proches, les amis, les correspondants composent le restant de la population de la France : (1) les trente-huit millions de provinciaux français sont donc solidaires et dépendent, en quelque sorte, des deux millions d'êtres qui s'agitent entre Saint-Denis, Vincennes, Montrouge et Saint-Cloud ; ces trente-huit millions, d'autre part, ont en province leurs franchises municipales depuis longtemps. Quoi qu'on fasse, si les deux millions de Paris se prononcent définitivement et ouvertement pour la *Commune,* les trente-huit millions de la province ne voudront pas verser leur sang et dépenser leurs ressources pour priver leurs proches, leurs amis, leurs correspondants, d'un droit dont ils jouissent

(1) Pourquoi la Province n'a-t-elle jamais voulu comprendre les liens du sang qui la rattachent à la population parisienne ??? Que de malheurs épargnés !

---

(1) Nul n'ignore, aujourd'hui, combien Bismarck trouvait de sens pratique dans les réclamations des Parisiens et dans les débuts de leur insurrection. Or, il s'y connait.

eux-mêmes et que tout Paris aura solennellement revendiqué!...

Jules Favre, Mac-Mahon, Thiers, n'auront plus d'empire sur la province... Les sergents de ville, les gendarmes, les zouaves pontificaux lâcheront pied quand ils seront certains de n'être plus soutenus par les gardes nationaux des départements. Paris restera maître de la situation intérieure, malgré toutes les machinations de Versailles... Et M. de Bismarck, le 25 avril courant, adressera la dépêche suivante à MM. les députés, endormis dans le palais du Roi-Soleil :

« Messieurs les ruraux,

« Dispersez-vous !

« Peut-être avez-vous toujours la volonté, assurément vous n'avez plus la force de faire honneur aux engagements qu'a signés pour vous Jules Favre avec moi.

« La Commune de Paris a cette volonté et cette force ; les communes fédéralisées françaises auront l'une et l'autre aussi.

« L'empereur Guillaume, par suite, reconnaît les droits de Paris, ville libre, et ne s'oppose plus à la fédération des communes de la France affranchie.

« Messieurs les ruraux,

« Dispersez-vous. »

Citoyens,

Si vous ordonnez le plébiscite communal, les choses se passeront ainsi. Voyez ce que vous croyez devoir résoudre.

... Je vous le dis en conscience, citoyens, — là est le salut, — là est le succès définitif de la Commune. (1)

Vive la Commune, citoyens !

Salut et fraternité.

17 avril 1871.

(1) C'était aussi l'opinion de toute la presse anglaise et principalement du "*Daily News*" N^os d'avril 71. Gromier recevait exactement tous les journaux étrangers, malgré les obstacles, et les lisait fort attentivement : il en résumait quotidiennement l'opinion dans ses articles au "*Vengeur*". Sous ce titre : *La France vue du dehors*.

---

(1) Le citoyen F. Lhuillier est mort le 2 juin suivant, quatre jours après l'occupation de son quartier par les troupes de Versailles.

APPENDICE A MES DIX LETTRES

Citoyens,

Après vous avoir fatigués si longtemps de mes éloges ou de mes critiques, je ne vous quitterai point sans essayer de me faire pardonner mes digressions en vous apprenant une nouvelle excellente, et en vous communiquant, à propos de l'*idée communale*, les notions pleines de bon sens que m'a transmises un ami.

Mon excellente nouvelle terminera cet appendice à mes dix lettres précédentes. Voici les notions *communales* annoncées : leur auteur est le brave citoyen F. Lhuillier, membre de la Société internationale de linguistique, un républicain sincèrement convaincu s'il en fut jamais, un patriote qui ne redoute qu'une chose depuis le 18 mars : mourir avant d'avoir vu le triomphe de la Commune de Paris... Et, malheureusement, le citoyen F. Lhuillier ne peut pas trop attendre.(1) Citoyens de la Commune, du courage, de la sagesse et de l'activité!

La question politique ne change pas la question sociale. Malgré la guerre avec le roi de Prusse, la déchéance de Napoléon et la proclamation de la République, la question économique n'a pu changer. L'urgence de l'organisation communale reste la même. (1)

L'organisation intégrale de la Commune est, en effet, une institution de la période sociale supérieure à la civilisation, comme la République démocratique et sociale est une forme de gouvernement supérieure à la monarchie. Ceux qui disent et répètent que la République démocratique et sociale est le vol, le pillage et le meurtre, ou que les socialistes sont des gens de sac et de corde, — font donc simplement preuve d'ineptie, absolument comme ceux qui nient que la Commune organisée, la Commune solidaire, soit la base de toutes les institutions politiques, de toutes les agglomérations humaines, car la Commune, qu'est-ce autre chose que l'organisation familiale de l'humanité?

Cet argument incontestable une fois exposé, chacun admettra qu'une République a besoin de suivre l'idée communale pour exister et prospérer suivant la justice. Les républicains de 93 ont démoli notre vieille monarchie : ce n'était pas mince besogne; ils n'ont pas su fonder durable et solidaire la Commune de Paris avec la fédération

(1) Cette urgence est plus frappante encore maintenant, et <u>La Loi sur le Choix des Maires</u> n'y remédiera pas.

(1) La République de M. Thiers a produit la République de M. de Broglie qui a produit le Septennat...

communale française. C'est pour cela qu'ils ont disparu, étouffés par Bonaparte; c'est pour cela toujours qu'ont disparu les républicains de 48, étouffés par Louis-Napoléon.

Sans la Commune, une République se ressent constamment de ses précédents monarchiques; elle ne forme qu'un gouvernement bâtard, impuissant et sans avenir; elle ne produit que désordre, misère et trahison. (1)

Voyez ce qu'a enfanté la République du général Trochu et de l'avocat Jules Favre.

Il faut donc, en toute République viable, pratiquer l'idée communale, et la pratiquer comme il suit:

La commune républicaine se forme en groupant les villages dans les campagnes, — en unitarisant communalement les villes ordinaires, — en divisant les grandes villes en autant de communes que faire se devra, et, pour Paris, en créant dans son sein la Commune centrale des vingt communes que forment ses vingt arrondissements.

Cette commune a la souveraineté populaire pour *base,* la solidarité pour *bien,* la fraternité pour *but.* Elle fait ses lois; elle s'administre elle-même. Ses comices électoraux sont toujours en permanence : chaque citoyen peut, quand bon lui semble, y convoquer les électeurs; les électeurs restent libres de se rendre ou non aux convocations personnelles ou collectives; force de loi est acquise au vote exprimé par le huitième des électeurs inscrits. (1)

Cette Commune, à la ville comme à la campagne, se divise en *districts* ou quartiers qui se divisent en *sections*. A Paris, les sections se subdivisent encore en *îlots*.

A la section a lieu le scrutin, les réunions de toutes sortes, tous les détails administratifs et de l'état-civil. La Commune est le groupe familial de l'humanité; la section est le groupe familial de la commune; les familles agglomérées composent la section. C'est en organisant l'unité sociale que l'on organise la série et la souveraineté populaire : la Commune est une série de sections ; le département, une série de communes; Paris, une commune centrale; et l'État républicain français, prenant à Paris son point de départ, est une série de départements ou de provinces.

Donc, dans la Commune fédérale, républicaine, la section est la base de la pyramide sociale; l'État en est le sommet.

Maintenant, si nous reconnaissons que la Commune ainsi formée est la première série sociale ; si nous reconnaissons encore que la section est l'unité de nombre des districts qui forment la Commune;

Admettant, avec Fourrier, que la série distribue les harmonies;

1) Telle devrait être la Constitution fondamentale du Suffrage universel, sous condition que les électeurs soient <u>instruits</u>. De nos jours et avec notre <u>ignorance crasse</u>, le suffrage universel n'est que la loi de la quantité dévorant la qualité.

---

(1) Voir "The Times" et "The Daily Telegraph" de cette époque.

Affirmant, avec Proudhon, que rien n'est organisé, rien ne peut s'organiser sans la série;

Nous sommes consciencieusement obligé de dire au peuple :

Si tu veux être souverain, si tu veux vivre organisé socialement, si tu veux naître et mourir libre, — forme-toi en Commune, et forme ta Commune d'après les principes fondamentaux que l'on vient de t'exposer.

Citoyens membres de la Commune,

L'ordre du jour de votre séance d'ajourd'hui appelait la discussion du programme de l'organisation communale : puissiez-vous, en cette discussion, avoir été inspirés par une *idée communale* identique à celle de mon vieil et bon ami, le citoyen F. Lhuillier!

Voici, à présent, ma nouvelle. (1)

Bismark s'est, tout récemment, exprimé ainsi :

« Un gouvernement monarchique, en France, obtiendrait trop aisément la faculté de contracter avec l'Angleterre, l'Espagne, l'Italie et l'Autriche, une alliance synallagmatique : je ne veux pas avoir trop tôt sur les bras une guerre de revendication de frontières, une guerre d'équilibre, une guerre *diplomatique*. Je favoriserai donc le maintien de la République française qu'entourent des royaumes non pas encore ennemis, mais déjà moins qu'indifférents.

« L'Allemagne a besoin de ses habitants ; la banque de Prusse a besoin d'argent : une république socialiste acquittera l'indemnité de guerre au moyen de la vente des propriétés domaniales de la couronne, — au moyen peut-être de la vente des biens du clergé, — au moyen d'un système *radical* quelconque. Le moyen ne m'importe pas : le résultat m'intéresse. Le gouvernement de Versailles ne pourra *jamais* employer le système *radical* nécessaire. *Si dans huit jours* je n'ai point la certitude d'être, au temps fixé, payé par le gouvernement de Versailles, — je ne m'opposerai pas au triomphe de la Commune de Paris ! »

Citoyens de la Commune,

Puisse la double déclaration du prince de Bismark amener, *dans huit jours*, la solution désirée !

Vive la Commune !

Salut et fraternité.

18 avril 1871.

(1) Ces paroles de Bismark sont historiques ; Gronier en possède les meilleures preuves.

(1) Un témoin auriculaire et oculaire vint d'Enghien, dans la soirée du 21 avril, communiqua à Gromier le récit suivant, publié dans la nuit même. Néanmoins voir "Le Journal Officiel ~~de~~ Versaillais" du 24 avril, début de la 1ère colonne de sa 1ère page. On ne craint pas d'y démentir les affirmations du "Bon Rouge", et l'on ajoute : "Lorsque les troupes de Versailles auront rétabli l'ordre dans Paris, justice sera faite des allégations du journal "La Vérité". Lire le texte exact ; notre citation est faite de mémoire.

AUX MEMBRES DE LA COMMUNE DE PARIS

ÉPILOGUE A MES DIX LETTRES

Citoyens, avisez ! (1)

Hier, à Soisy-sur-Orge, entre Epinay et Enghien, un dîner de soixante couverts a réuni à la même table le général de Fabrice, le prince royal de Saxe, l'état-major prussien d'une part ; de l'autre, le général comte de Palikao, l'avocat Jules Favre et la fine fleur de la diplomatie et du militarisme versaillais.

L'ultimatum du prince de Bismark avait produit l'effet désiré par l'Allemagne : le gouvernement de M. Thiers, aidé par l'un des banquiers de la reine Victoria d'Angleterre, remettait aux Prussiens les cinq cents millions stipulés par la convention du 28 janvier 1871.

En même temps, à Bruxelles, les plénipotentiaires signaient le fameux traité de paix définitif.

Par suite, demain samedi, 22 avril, les forts de Charenton et de la Double-Couronne seront abandonnés par les Prussiens et occupés par les troupes de M. Thiers amassées, à cette intention, dans la plaine de Gennevilliers et les environs de Choisy-le-Roi. La cession et la réoccupation des autres forts auront lieu dans la journée de dimanche.

A partir de dimanche encore, les hostilités cesseront de la part des Versaillais, qui se borneront à se tenir sur la défensive et à investir rigoureusement Paris, — jusqu'à l'entier retour des soldats français prisonniers en Allemagne, ce qui exigera un mois environ.

Ce mois écoulé, Mac-Mahon agira, *si la Commune existe et résiste toujours.* (1)

Citoyens, avisez! Vive la Commune!

Salut et fraternité.

21 avril 1871.

---

(1) Un mois après, jour pour jour, Mac-Mahon entrait dans Paris !

---

(1) Cette lettre est le complément obligé de la précédente et sert de réplique à la dénégation du "Journal Officiel Versaillais".

Au citoyen PORTALIS, *éditeur de la* VÉRITÉ.

Citoyen, (1)

Le bon Rouge, dont vous avez si bienveillamment accueilli les élucubrations politiques, éprouve le besoin de les compléter définitivement aujourd'hui, par l'envoi *à votre adresse* de certaines explications qui lui paraissent indispensables.

Les préliminaires du traité de paix à signer avec la Prusse, préliminaires arrêtés le 28 janvier par MM. Jules Favre et de Bismarck, portent en substance qu'aussitôt après le versement du premier demi-milliard d'indemnité effectuée, l'armée allemande évacuera GRADUELLEMENT la partie du territoire français et les forts parisiens qu'elle occupe encore sur la rive droite de la Seine. Or, depuis mercredi matin, grâce à l'obligeance *intéressée et commandée* d'un banquier anglais (homme de paille de la reine Victoria et de M. de Rothschild), M. Pouyer-Quertier, ministre des finances versaillaises, a ce premier demi-milliard en mains et n'attend plus que l'ordre de M. Thiers pour en opérer le versement dans la caisse de M. de Fabrice, à Soisy-sur-Orge, si, *comme il m'est permis d'en douter*, il ne l'a point opéré déjà dans la matinée du jeudi 20 avril dernier qui précéda le fameux banquet de soixante couverts dont vous avez inséré l'étonnante et véridique nouvelle. (1)

Eh bien! citoyen éditeur, à mon avis, après l'*épilogue à mes dix lettres* que j'ai cru devoir vous faire dernièrement et tout récemment parvenir, je crois devoir encore joindre les détaillées explications suivantes, à propos de la non complète réalisation des événements prévus et annoncés dans l'épilogue en question.

J'ai commis une erreur grave en supposant, vendredi, que MM. Jules Favre et Palikao avaient festoyé, jeudi, avec de Fabrice et le prince de Saxe, en l'honneur de la *retraite des Prussiens; je ne me suis pas moins gravement abusé* en supposant aussi à leur joie le motif de l'occupation prochaine des forts du Nord par l'armée de Versailles! *Tout le contraire était et est encore la vérité pure!* Voici comment : (2)

Vous ne l'avez pas oublié, le 18 courant, je vous ai rapporté l'*ultimatum* du prince de Bismarck à M. Thiers : « Si, dans huit jours, je n'ai point la certitude d'être, au temps fixé, payé par le gouvernement de Versailles, je ne m'opposerai pas au

(1) Si audacieusement démentie par le faussaire Jules Favre !

(2) Prière d'étudier attentivement cette explication : elle repose sur des faits absolument authentiques.

(1) Et, même, employer les troupes allemandes à l'arrestation des fédérés, comme cela eut lieu du 20 Mai au 10 Juin !

triomphe de la Commune de Paris. » A cet ultimatum, citoyen, j'attribuais pour résultat, au cas d'un refus de satisfaction, la remise des forts du Nord aux Parisiens qui auraient alors payé les 500 millions, aux lieu et place des gens de l'Assemblée nationale. Là gisait mon illusion ! M. de Bismarck voulait tout simplement, pour en finir plus vite, garder les forts du Nord, *au nom des Versaillais !* (1)

Voici pourquoi :

Le gouvernement rural de la France a, tout au plus, cent vingt mille hommes entre Paris et Versailles, de Châtillon à Asnières. Le recul de l'armée prussienne jusqu'à Reims et Châlons obligeait M. Thiers à partager environ en douze corps d'armée cette armée déjà insuffisante, puisqu'il lui fallait avec elle seule occuper le fort de la Briche, la Double-Couronne, Saint-Denis, la Courneuve, le fort de l'Est, les forts d'Aubervilliers, Romainville, Noisy, Rosny, Nogent, Joinville et Charenton. De plus, M. Thiers, qui n'a tout au plus que le strict nécessaire pour munir de pièces d'artillerie le Mont-Valérien, le château de Bécon, le rond-point de Courbevoie et la redoute de Châtillon, serait absolument incapable, *à moins de les acheter aux Prussiens*, de trouver, tout de suite, les batteries indispensables à l'armement des forts du

Nord, si le prince de Bismark ordonnait leur évacuation... Enfin, M. Thiers aurait-il et les soldats et l'artillerie dont il manque, qu'il ne pourrait sans péril encore étendre à un tel point la ligne de ses opérations, qu'elle enserrât le périmètre de l'enceinte de Paris, car alors les forts du Sud n'auraient plus devant eux qu'un rideau *très-perméable* d'investisseurs, d'assiégeants. Sans compter, pour terminer, que les Prussiens ne pouvaient être attaqués par la *Commune* ayant déjà contre elle les Versaillais, et qu'attaquer les Versaillais *seuls* serait autrement facile en la nouvelle circonstance... surtout lorsque la *Commune* saurait plus exactement ce qui se passe en province, où, soit à Lyon, Marseille, Bordeaux, Limoges, etc., le gouvernement de M. Thiers devient chaque jour plus méconnu, plus abandonné, plus méprisé même !...

J'ai donc commis une erreur grave en mon épilogue de vendredi, citoyen. Puisse cette rectification consciencieuse la réparer ! Puisse aussi ma nouvelle qui va suivre ne point m'obliger, demain, à entrer vis-à-vis de vous en explications semblables à celles-ci, c'est à-dire aussi longues : (1)

1° La gendarmerie française et un sous-préfet expédié de Versailles ont été réinstallés samedi matin à Saint-Denis et dans l'arrondissement de

(1) L'erreur de Gronier, on le voit, ne reposait que sur les conséquences du dîner de Soisy ; quant au dîner, il était et reste historique.

---

(1) Cette fois, Mr. Jules Favre n'a pas répondu.

---

ce nom ; jeudi, en prévision de cette mesure exclusivement *policière*, les Prussiens ont ordonné de quitter la ville à tous les Parisiens qui y séjournaient *éventuellement* depuis quelques jours.

2° MM. Pouyer-Quertier et de Fabrice se sont arrangés, *financièrement* parlant, à la commune satisfaction *politique* de M. Jules Favre et du prince royal de Saxe, et à la commune satisfaction *militaire* de MM. Palikao et de Moltke, lors du banquet de Soisy-sur-Orge de jeudi. (1)

D'après le bruit qui en circule dans mon entourage, une portion des 500 millions a été déposée entre les mains des Prussiens ; l'autre portion reste en la caisse du ministre de M. Thiers, jusqu'à ce que celui-ci en ordonne la disposition complémentaire. Et, pour servir de compensation à ce paiement partiel, la *police* de l'arrondissement de Saint-Denis, c'est-à-dire son administration *civile,* a été restituée au gouvernement rural de la France, d'une part, tandis que de l'autre, pour faciliter à M. Thiers la séquestration des approvisionnements qui arrivent de ce côté de la Seine dans la direction de Paris, l'évacuation GRADUELLE des forts de la rive droite de la Seine a commencé par les préparatifs de l'évacuation du fort de Charenton et du village de Maisons-Alfort que les Versaillais occuperont très-prochainement. C'est pour cela même que la *Commune* vient d'ordonner la restauration et le réarmement du fort de Vincennes.

Charenton et Maisons-Alfort, une fois occupés par les soldats de M. Thiers, — l'évacuation commencée NE SERA PAS POURSUIVIE avant le complément de l'arrivée à Versailles des soldats français encore prisonniers au-delà du Rhin. A ce moment aussi, M. Thiers se décidera seulement à fournir à la Prusse la portion des 500 millions qui lui reste. C'est parce que cet arrangement avait été conclu jeudi matin que MM. Jules Favre et Palikao étaient si réjouis convives jeudi soir à Soisy, à la table de l'état-major prussien. (1)

Salut et fraternité.

23 avril 1871.

P.-S. — Décidément, que faut-il croire ? et où allons-nous ?

On dit maintenant que les dix mille *Prussiens* qui ont remplacé les dix mille Saxons et Bavarois partis vendredi de Saint-Denis sont l'avant-garde du corps *d'élite* que commande le prince Frédéric-Charles, dont le *retour* est annoncé sous les murs septentrionaux de Paris.

On ajoute que la recrudescence de l'insurrection en Algérie est l'œuvre des machinations prus-

(1) Un détail de ce fameux repas ; toast d'un officier français présent :

« A M. Jules Favre, l'orgueil de la France qu'il a sauvée !!! »

1 Voir la préface de Monmanteuil.

2 Du 23 avril date la suprématie de Mac Mahon et l'effacement de M. Thiers, débordé par les monarchistes et les cléricaux.

siennes — (M. de Bismark rêve la possession pour l'Allemagne, *alors puissance maritime*, d'une partie du littoral de la mer Méditerranée !). (1)

On prétend que le fort de Charenton, évacué par les Allemands, est exclusivement occupé par les soldats *impérialistes* recrutés par Ducrot, dont on annonce, d'autre part, la démission.

On assure que MM. Dufaure, Daru, de Talhouët, de Broglie, de Rémusat, Lambrecht, Pouyer-Quertier, Jules Favre, Palikao, Dupanloup, organisent un nouveau ministère.

On parle *publiquement* dans Paris, au Cirque-National, devant trois mille républicains partisans de la Commune, d'un *pronunciamento* de MM. Canrobert, Mac-Mahon, de Gallifet et Vinoy en faveur de. . . . Napoléon IV !!!. . . . .

Pendant ce temps, à l'Hôtel-de-Ville, le premier apôtre de l'idée communale discute les termes de sa démission de membre de la Commune de Paris, et, à Versailles, M. Thiers corrige les épreuves d'une nouvelle édition du..... *Consulat et de l'Empire ! de... Thiers Premier*. -(2)

Alas ! poor French People !...

Citoyen, je vous salue.

PAGES VIERGES

(1) Ce chapitre a eu l'honneur d'être lu en entier par M. l'avocat-général Hémar devant la Cour d'Assises de la Seine, le 15 9bre 1873.

ÉPITAPHE

(Numéros de la *Sociale* du 1er et du 2 mai.)

! ! !

LA PASSION DE LA COMMUNE

OU

L'ÉVANGILE SELON UN BON ROUGE (1)

En ce temps-là croupissaient en cette contrée, pourtant si féconde, trente-cinq millions de bêtes à face humaine, plongées dans l'avilissement, l'abâtardissement, l'inertie. Les fortunes étaient englouties par la stagnation de la justice, du commerce et des arts ; les travaux et les salaires suspendus ; une paralysie meurtrière, engourdissant les bras, ne laissait que des mains pour mendier ; les ateliers étaient déserts ; les hôpitaux regorgeaient de fiévreux et de cholériques ; les cœurs étaient remplis de rage ; les airs retentissaient de pleurs et de grincements de dents.

Un autre million d'êtres, habillés de rouge et de bleu, porteurs de longues rapières bien fourbies et de mousquets-revolvers à portee merveilleuse, coiffés de chapeaux bicornes et munis à foison de casse-têtes plombés et de bombes, occupait grassement ses coûteux loisirs à tourmenter, *de par la loi,* cette tourbe immonde d'individus sans volonté, sans âme.

Un dernier million de bipèdes, épars un peu partout dans le pays, habitant surtout les couvents, les ministères ou les boudoirs gouvernementaux, — considérant la masse première comme un vil troupeau, né pour la servitude, — se servait de la seconde pour l'exécution de ses incessants desseins perfides.

Le tout formait le peuple, l'armée policière et le clergé gouvernemental ! (1)

La majorité de cette catégorie dernière faisait descendre du ciel le pouvoir qu'elle s'était arrogé sur la terre. Sans patrimoine et sans nom à son origine, — ne pouvant par son institution même avoir d'autre propriété qu'une besace et un bâton, ne devant subsister que par l'effet de la piété publique, obligée de partager encore avec les nécessiteux, elle s'était approprié successivement tous

1 Comment Gromier a-t-il pu oublier de parler de l'admirable magistrature de l'Empire Français ? avait-il donc perdu le souvenir de MM. de Lurcy, Loverdo, Delesvaux, Zangiacomi, ~~Grandperret~~, Brunet, Joly, Campenon, Mariage, Hémar, Thevenin, etc ?

---

(1) On voit qu'il n'est question que des tristes infamies Plébiscitaires ; pourtant, il s'est trouvé des Juges, en 1873, sous le Septennat, pour condamner ces vérités si modérées !

les biens de la nation; elle insultait au laboureur et à l'artisan par un luxe immoral; elle refusait à l'État le tribut que lui offrait cependant la classe première, si laborieuse et si indigente !

L'armée policière et le clergé gouvernemental avaient l'audacieuse habileté de se faire entretenir par le peuple qu'ils tyrannisaient... La force et la duplicité primaient le droit et la franchise... Les spoliateurs étaient nourris, vêtus et logés par les spoliés... Le prolétariat forgeait lui-même ses propres chaînes... Le vice avait le pas sur la vertu. *L'oisiveté vivait du travàil qu'elle tuait.*

Ce fut dans cet accès de fièvre de la raison en délire et de la patrie agonisante qu'on appela des médecins consultants, vers le 8 mai 1870. Mais ces médecins, qu'on prit exclusivement parmi les partisans du *statu quo*, source de leur fortune, n'étaient que des conservateurs intéressés, dont l'égoïsme meurtrier, se parant effrontément du nom sacré d'*ordre public*, administrait des poisons au lieu de remèdes. (1)

Deux hommes audacieux et vains entreprirent cependant la guérison : l'un était le général Lebœuf; l'autre, le ministre Ollivier. Mais les saignées fréquentes, les secousses terribles par lesquelles ils affaiblirent ou ébranlèrent le corps politique, en détermina et en précipita la décrépitude.

Sedan arrive : le corps politique meurt ; déjà le corps militaire n'existait plus ; pour le corps administratif, il était encore à naître ! Le deuil est donc universel ; le désespoir est dans toutes les âmes ; la banqueroute est imminente ; la révolution ne peut tarder.

... L'Être suprême, le *Bien,* principe de tout progrès et de toute rénovation honnête, daigne jeter un regard sur cette contrée malheureuse et choisit le 4 septembre pour sa libération. La République, *de ce jour-là,* est douée d'une vertu puissante, d'un génie sublime et vaste, capable de tout embrasser, de tout entreprendre, de tout mener au but nécessaire. Sa droiture est sévère et clairvoyante ; sa netteté dans les idées est peu commune ; elle conçoit réellement la Liberté ; elle a des intentions pures. (1).

Hélas ! son zèle eût rétabli l'ordre social et la confiance patriotique... Son intelligence eût tout sauvé... Judas Iscariote ne le pouvait permettre ! Dès le 5 septembre, la République *de la veille* mourait assassinée par Jules Favre, Trochu, Ernest Picard et Jules Simon ! Le pays retombait sous le marasme. La nation reperdait sa virilité pendant vingt-quatre heures reprise ! Le blocus, la famine, le bombardement, l'occupation étrangère parachevaient les désastres de ce misérable bétail humain

(1) Messieurs les Quatre Septembriseurs ne pardonneront point au "*Bon Rouge*" cet alinéa et l'alinéa suivant ; mais le "*Bon Rouge*" tient à honneur l'inimitié de Messieurs Jules Favre, Ernest Picard, Jules Simon, Trochu, Thiers, Gambetta et *tutti quanti* *ejusdem farinæ*.

---

(1) Le sacrifice infernal avait été préparé par le voyage diplomatique du sinistre vieillard de la place St Georges

qui avait eu, toutefois, de bien tristes et bien douloureux soubresauts de révolte toujours comprimée et de résolution revendicatrice toujours trahie !... 8 octobre ! 31 octobre ! 22 janvier ! ! !

L'heure avait sonné ! M. Thiers arriva, présenté par le Roi des Ténèbres, et le sacrifice infernal s'accomplit [1]. On tenailla le malade ; on brûla sa chair au vif ; le meilleur de ses entrailles fut arraché et jeté à la voirie, et de l'huile bouillante avec du vinaigre et du sel furent jetés sur ses plaies saignantes ! Puis, comme il fallait enlever au patient toute possibilité de résurrection prochaine ou tardive, M. Thiers assembla, lui aussi, des médecins consultants ; il leur traça le plan de leur diagnostic et leur réclama l'indication officielle d'un remède souverain *contre* toute convalescence.

Les grands dignitaires de l'Église, les généraux ni morts, ni victorieux, et les sangsues politiques se réunirent donc au théâtre de Bordeaux...

Or, lorsqu'ils furent tous assis, M. Thiers parla en ces termes :

« En vérité, en vérité, je vous le dis : je suis affligé des maux qui désolent le pays de l'auteur du *Consulat et de l'Empire*. Je vous assemble ici pour vous consulter, pour vous engager à former une ligue puissante qui force le bonheur et la prospérité à se fixer au milieu de mon peuple. Je veux, au plus tôt, rétablir entre vous tous, gouvernants, la cohésion indispensable pour que nos gouvernés sentent qu'ils sont *sous le joug d'une main forte*. Depuis longtemps les sangsues politiques sont seules à mes côtés; je veux y ramener, de suite, et les grands généraux et les grands dignitaires de l'Église. Divisés, nous nous perdons tous! Unis, nous serons les maîtres de la situation! *J'ai besoin de rétablir l'ordre*. Prêtez-moi chacun votre concours; donnez-moi chacun votre avis. Le danger est grand : la République n'est pas tout à fait morte! »

Mgr Dupanloup répondit :

« Je ne veux m'allier avec personne : l'État est dans l'Église; l'Église ne doit rien à l'État que ses prières. Pourtant, j'accorde un avis opportun à l'Assemblée : *il faut de l'argent pour sortir du gâchis où nous sommes ;* faites rendre gorge à ces ouvriers pervers des grandes cités : *faites payer les travailleurs de Paris*. Si vous les laissez davantage user du prix de leurs sueurs laborieuses, vous perdez la religion, vous ruinez le capital, vous anéantissez le parti de l'ordre et rendez impossible tout gouvernement régulier. » (1)

Le maréchal Canrobert s'écria :

« Je ne veux m'allier avec personne : l'Empe-

(1) Depuis, Mgr. Dupanloup a mis beaucoup d'eau dans son vin; mais, les jésuites véritables ont repris sa théorie pour leur compte, et, Louis Veuillot aidant, la France a été vouée au Sacré Coeur et au crétinisme des Lourdauds.. à perpétuité!

---

(1) Cet homme était Félix Pyat ou Victor Hugo, ou Garibaldi, au choix du lecteur.

reur ne me l'a point permis, et je ne reconnais point d'autre maître. Pourtant, sans phraser longuement, je dirai aussi mon avis : si vous voulez rétablir l'ordre... *Rrrran !* Vous me comprenez, je pense. Bombardez-moi ces sacrés Parisiens ! Fusillez-moi ces bougres de démocrates ! Après, *nous verrons ce qu'on pourra faire de vous.* »

Pour Mgr d'Orléans, comme pour le maréchal Canrobert, comme pour M. Thiers, tous les parasites applaudirent à tour de bras...

Un homme, fourvoyé malgré lui parmi cette racaille, se leva d'un bond furieux et s'exclama ainsi, tout indigné : (1)

« Thiers, Dupanloup, Canrobert, *tout le parti de l'ordre* m'étonne et m'irrite par sa hardiesse impudente ! Que faites-vous donc pour l'État ? quels services lui avez-vous donc rendus, ô Messieurs les conservateurs du *statu quo social ?* Entourés de vos vices et de vos biens mal acquis, vous jouissez, dans une inertie stupide, des fruits que la terre libérale ne produit que pour ceux qui sillonnent ses entrailles ! D'où émanent ces absurdes et révoltantes immunités ? Pourquoi tous ces efforts scandaleux, ces intrigues basses et séditieuses, ces crimes affreux ? Pour vous maintenir, à la honte d'un siècle éclairé et de l'humanité éperdue, dans la possession de priviléges aussi injustes que désastreux..... je..... »

.... Mais ils étouffèrent sa voix sous leurs vociférations et le jetèrent à la porte !

Puis ils se séparèrent sans avoir rien résolu.... et voulurent rentrer dans leur ancienne capitale !...

Le 18 mars 1871 les en chassa irrévocablement, sans pitié. La pseudo-République cédait la place à la *Commune*... La Commune était le Messie attendu ! Paris était une autre Jérusalem ! Félix Pyat, Delescluze, Blanqui, Malon, Lefrançais, Vaillant, Ferré, Rogeard, Vésinier, Tridon, Cournet, Rigault, Vermorel, Dombrowski, Chalain, Chardon, Grousset, etc., tenaient haut et ferme le drapeau rouge du Peuple insurgé contre la Monarchie réelle ou feinte.

La Commune étincelait, brillante, sous le flambeau du Progrès... *Le bien était enfin le maître.* (1).. On dut être bien étonné alors de voir des hommes protecteurs-nés de la Nation (à les en croire !), — des hommes dont le peuple alimente le luxe et les plaisirs, — oser protester contre le bonheur et la prospérité de la Commune que la Nation, que le Peuple avait établie ! Ces fous, se retirant à Versailles (au cœur gangrené de l'ancienne monarchie, dans la ville du Roi-Soleil et de Mme de Pompadour), — se mirent à seconder ouvertement, à fomenter et même à diriger tous

(1) Il ne faut pas s'y tromper : l'idée communaliste est l'idée juste ; par malheur, ses disciples la pratiquèrent injustement !

(1) Tableau fidèle de la composition de l'Assemblée élue, le 8 Février 1871, "dans un jour de malheur".

les sinistres desseins des criminels que l'avènement de la Commune menaçait !

Ils osèrent prononcer, au nom du peuple souverain, la proscription du peuple souverain lui-même ! Ils persistèrent, dans leurs assemblées séditieuses et leurs délibérations, à condamner cette partie de la nation, la plus vertueuse, la plus noble, la plus utile, à suer sang et eau dans des travaux sans salaires, — à végéter dans l'humiliation de la servitude, sans propriété, sans subsistance, sans nom, sans famille, sans justice, — à gémir éternellement sous la verge flétrissante de la tyrannie.

Ces personnages insensés, tous, ou presque tous, sans aucun mérite intrinsèque, sans mœurs, sans lumières, prétendaient gouverner le pays suivant leurs caprices, lever eux-mêmes des dîmes fréquentes, incendier le pays par des séditions intéressées, violer continuellement les lois fondamentales du pacte social, désobéir insolemment aux ordres paternels de ceux-là mêmes de qui ils tenaient la vie, « car c'est le peuple, assurément, qui fournit à leur entretien, à la vie des cléricaux, des nobles et des militaires ! » (1)

Ces jésuitiques députés ruraux, toujours unis pour faire le mal, cabalaient donc, d'une part, à la Cour *royale* de Versailles et sous les murs de Paris qu'ils avaient investis et qu'ils assiégeaient nuit et jour depuis un mois; d'autre part, ils agitaient les provinces et cherchaient, au prix de mille mensonges odieux, à les maintenir sous leur dépendance. Par la discorde et par la faim, ils divisaient le peuple parisien pour l'éloigner de cette *Commune sociale* qui voulait enfin l'élever à la dignité, à la liberté et à l'égalité établies par la nature et par la raison! S'érigeant en législateurs des familles, ils infligeaient jusqu'à des peines morales à qui, dans la province, s'opposait à leur action incessante sur la conscience des paysans superstitieux!

Malheur, trois fois malheur, si l'on perdait un instant de vue les abus d'autorité de cette soldatesque en robe noire! Malheur aux organes du bien public, aux interprètes des vœux de la Nation qui ne s'unissaient pas pour réprimer et prévenir les malheurs enfantés par la morgue insolente et l'ambition démesurée de ces despotes! La réaction marchait pendant ce temps son chemin infernal, et chacun de ses pas en arrière retardait d'autant la marche en avant du Progrès... Versailles monarchisé préparait la ruine de Paris, ville libre! (1)

Réunis en comité des hautes œuvres monarchiques, les ruraux, venus de Bordeaux après le 18 mars, avaient trahi leur secrète pensée sur la

(1) "Avez-vous lu l'*Evangile selon un Bon Rouge*?
« L'auteur que je suppose être M. A. Gromier,
« votre ami, prophétise avec une fidélité
« terrible l'avenir de l'antagonisme de
« Versailles avec Lutèce, l'issue de la
« lutte folle des ruraux et des parisiens. Je
« vais traduire cet éloquent article pour
« La Gaceta. »

(Extrait d'une lettre de J. Asselineau.)

(1) M. Jules Favre a été, est et sera le Juda du parti républicain, depuis le procès de Bourges jusqu'à sa mort au bagne ou dans son lit.

nature du mal chronique républicain qui minait sourdement leur patrie ! Appelés pour guérir le corps politique de l'État, ils avaient déclaré ne pouvoir opérer une guérison radicale sans couper à ce corps un membre, selon eux gangrené !... Ce membre était la tête, siége de la pensée, de la force et de toutes les facultés du malade... *Ce membre était la Commune de Paris...*

Quoi qu'il en soit des considérations personnelles qui provoquèrent de leur part cette décision, Judas-Iscariote-Jules Favre fut celui des ruraux qui se chargea de proposer ce remède parricide et de livrer Paris à M. Thiers, qui préparait sa perte depuis déjà si longtemps !...(1)

La Commune, après bien des pourparlers, bien des machinations diverses, bien des atrocités sanglantes, fut donc à la fin conduite au pied du gouvernement versaillais, dont tous les membres éhontés se mirent à inventer contre elle de faux témoignages.... jusqu'à ce que Picard vînt à crier :

« Crucifiez-la ; elle veut rendre impossible toute restauration monarchique ! »

« Vous l'avez dit, » répliqua la Commune.

Et aussitôt les ruraux déchirèrent leurs habits en s'exclamant :

« Qu'avons-nous besoin de témoins ? Nous venons d'entendre le blasphème ! N'a-t-elle pas affirmé qu'elle voulait rester républicaine ?... Que vous en semble ? »

Tous, sans en excepter Louis Blanc, jugèrent qu'elle méritait cent fois la mort ! (1) Alors de Lorgeril, de Kerdrel et Langlois commencèrent à l'insulter et à lui cracher au visage !...

Cependant Ulysse Parent, Ranc et deux ou trois autres frères bâtards de la patiente étaient dans l'antichambre de M. Thiers, attendant la possibilité de se tourner du côté du manche après le balayage... Jules Simon leur demanda :

« Etes-vous disciples de l'accusée ? »

Ils le nièrent avec empressement, jurant leurs meilleurs serments que ses opinions n'étaient plus dignes d'avoir des partisans, des disciples... et lorsqu'ils eurent répété cette infamie par trois fois, on entendit chanter Gambetta dans la chambre voisine ! (2)

Alors les ruraux, ayant bien banqueté ensemble, lièrent la Commune, l'emmenèrent à Saint-Denis et la livrèrent aux Prussiens que commandaient de Fabrice et le prince royal de Saxe.

De Fabrice lui demanda :

« Etes-vous républicaine ? »

Elle répondit encore :

« Vous l'avez dit ! »

Cependant les ruraux lui imputaient d'innombrables crimes.

(1) Louis Blanc du N° 20, Grand Parade, Brighton, n'est plus le Louis Blanc du Luxembourg; s'en souvenir.

---

2 Gambetta comprit promptement que le règne de la Commune était contraire à ses intérêts égoïstes et bourgeois.

---

(1) Lire les 2 premiers Nos de "La Bouche de Fer" de Paschal Grousset sur la conspiration jésuitique de Trochu, Jules Favre et Thiers !

Le prince royal de Saxe l'interrogea :

« Vous voyez de combien de forfaits ils vous accusent ? »

La Commune répliqua :

« Il fallait que ces choses arrivassent. Du reste, je suis l'envoyée de *celle* qui donnera au monde après moi la civilisation, le progrès, la liberté, la République universelle. Mes membres actuels disparaîtront ; l'idée communale fera le tour du globe..... Je suis l'envoyée de la *Raison !* »

Là-dessus ils crièrent à tue-tête :

« Qu'on nous en délivre ! Il faut la crucifier ! »

De Fabrice et le prince royal de Saxe renvoyèrent la patiente devant de Bismark, qui devait prononcer la sentence. De Bismark proposa, au contraire, de libérer la Commune et de crucifier à sa place tout l'ex-gouvernement de la défaillance anti-nationale, car il savait que c'était par esprit de vengeance que les ruraux avaient accusé la patiente.

Mais les ruraux émurent les empereurs, les rois et tous les jésuites de l'Europe, et les poussèrent à demander l'absolution de Jules Favre, Trochu et consorts !

De Bismark leur répondit :

« Que voulez-vous donc que je fasse de la Commune ? »

Ils crièrent tous :

« Crucifiez-la ! »

De Bismark leur dit encore :

« Quel mal a-t-elle donc fait? »

Ils crièrent plus fort :

« Crucifiez-la ! qu'on nous en délivre ! »

« Je m'en lave les mains dans la Seine, » cria de Bismark, en signant l'arrêt...

Alors, tous à la fois se précipitèrent sur la Commune, la terrassèrent et la baignèrent dans son sang !... Ils la menèrent ensuite au Mont-Valérien, et c'est là que les gendarmes et les agents de police la crucifièrent entre deux larrons nommés l'un Bazaine, et l'autre Napoléon III ! (1)

Après l'avoir crucifiée, ils se partagèrent ses dépouilles. Puis ils se moquèrent d'elle en criant :

« Elle voulait sauver les autres, et elle ne peut se sauver elle-même ! »

. . . .

Enfin, vers la sixième heure du jour, la terre se couvrit de ténèbres, et la Commune jeta ce grand cri :

Eloi ! Eloi ! Lamma Sabathani !

C'est-à-dire : O Progrès ! ô Progrès ! pourquoi m'avez-vous abandonnée !

Quelques-uns des ruraux s'exclamèrent :

Voilà qu'elle appelle son père !

(1) Hélas ! Le " Bon Rouge " en est à se demander si M. M. Thiers, Mac-Mahon, de Broglie, Gambetta, et autres endormeurs (par le poison), ne sont pas des larrons d'égalité, de liberté et de justice pires que Bazaine et Napoléon III !!!

(1) Oh ! Liberté ! Que de crimes ont été commis en ton nom . . . !

..... Mais *la Commune*, ayant poussé vers le Progrès un dernier soupir, s'évanouit et se trouva sans défense entre les mains de ses impitoyables bourreaux !....

Alors, *sur l'avis de M. Thiers*, bombes à pétrole, obus, boulets rouges et autres cartes de visite de la réaction monarchique furent lancés de toutes parts sur cette pauvre Commune de Paris, martyre nouvelle de la Liberté ! Et, avec l'incendie, la famine commença !...... Fratricides, sacriléges, abominations inénarrables étaient employés, *pour le service de l'ordre,* par le gouvernement rural versaillais !....

. . . .

. . . .

(Ici se fait une pause pendant laquelle on baise les pieds de la statue de la Liberté.) (1)

. . . .

. . . .

Au même instant le voile de l'Ignorance fut déchiré, la terre frémit d'horreur, *les mortels reçurent la science du bien et du mal !*

Tous les trônes furent renversés !

Tons les autels s'écroulèrent !

La résurrection de la souveraineté du Peuple eut lieu ! . . . .

Alliance républicaine, inspirée par Ledru-Rollin

et Delescluze; Union républicaine, inspirée par Félix Pyat et Gambon ; Comité central des vingt arrondissements; Comité central de la fédération de la garde nationale ; Alliance républicaine des départements; Fédération de la franc-maçonnerie parisienne; Fédération du compagnonnage parisien, — déterminés à sauver la mère Commune, — se fusionnèrent pour former l'*Association de la défense communale de Paris !...*

Liberté ! égalité ! fraternite ! solidarité ! République universelle ! idée sociale ! idée communale ! votre règne arriva !...

L'univers entra dans la voie du progrès !

Le bien se répandit à jamais sur la terre !...

La conscience humaine dirigea le monde !...

... Le sang de la Commune martyre avait fait germer des milliards de héros : la persécution avait occasionné la résurrection et le triomphe !...

Paris, ville libre, présidait à l'organisation des communes affranchies, dans la France fédérée, définitivement républicaine.....

Salut et fraternité à tous, et paix aux citoyens de bonne volonté.

Paris, 2 mai 1871. (1)

UN BON ROUGE.

Orléans, imp. G. Jacob, cloître Saint-Étienne, 4.

(1) Il est indispensable de remarquer cette date : <u>2 mai 1871</u>, pour bien apprécier l'originalité, nous dirons presque l'étrangeté surnaturelle des "prophéties du "<u>Bon Rouge</u>".

www.ingramcontent.com/pod-product-compliance
Ingram Content Group UK Ltd.
Pitfield, Milton Keynes, MK11 3LW, UK
UKHW020121200726
13856UKWH00002B/662